Si, un jour,
vous êtes face à un choix,
une décision difficile...

Demandez-vous :
« Que feraient Edgar et Ellen ? »

Et faites exactement le contraire.

Edgar & Ellen

Pièges à touristes

L'auteur

Charles Ogden est un adepte du camping et de la pêche. Il collectionne les insectes et il est même parti à la poursuite de divers spécimens au pôle Nord, au pôle Sud et en Pologne. M. Ogden et sa collection d'insectes se sont installés dans un environnement calme et préservé, loin des regards indiscrets.

Du même auteur, dans la même collection :

1. *Pauvres bêtes !*

Edgar & Ellen

PIÈGES À TOURISTES

de
CHARLES OGDEN

illustrations de
RICK CARTON

traduit de l'américain par
SOPHIE DIEUAIDE

POCKET JEUNESSE

Directeur de collection :
Xavier d'Almeida

Titre original :
Tourist Trap

Publié pour la première fois en 2004
par Tricycle Press, Berkeley, Californie.

Loi n° 49-956 du 16 juillet 1949 sur les publications
destinées à la jeunesse : janvier 2007.

ISBN 978-2-266-16330-9

Voici ma dédicace :

À Jessie, Billy, Drew et à tous les hommes
vraiment imposants qui ont un jour
conduit une moto minuscule :
sans vous aucun défilé ne mériterait ce nom.

Charles

Pour ceux qui osent s'aventurer plus loin...

La vengeance est si douce

« Joyeux anniiiversaire ! Joyeux anniversaire ! »

Ellen se couvrit les oreilles. Elle détestait cette chanson. Pire que ça : elle détestait la fille dont c'était l'anniversaire.

Sa robe couleur lavande.

Ses chaussures en cuir mauve.

Les rubans violets dans ses cheveux.

— Je crois que je vais vomir, Petit Frère… gémit Ellen en se collant au mur.

— Eh ? Tu veux rater le feu d'artifice ou quoi ? lui répondit Edgar.

Ils observaient la scène en retrait, cachés derrière les rideaux.

Les yeux d'Ellen se rétrécirent. Elle fixa son auriculaire gauche dont l'ongle était manquant, détaché lors d'un choc entre la tête de la poupée chérie de Stéphanie Knightleigh et un marteau arrache-clou. Stéphanie avait eu une nouvelle poupée, l'ongle d'Ellen, lui, ne repoussa jamais.

Mais quand Ellen regarda la boîte en carton vide qu'elle triturait dans sa main droite, elle retrouva le sourire.

Le cuisinier apportait un gâteau extrêmement décoré. Treize bougies crépitaient à son sommet. À sa vue, les nombreux invités qui chantaient redoublèrent d'énergie. La reine du jour opina du chef tandis que le cuisinier déposait la pâtisserie violette devant elle.

« Joyeux anniversaire, chère Stéphanie… »

Pour étouffer son fou rire, Edgar pressa le lourd tissu des rideaux sur sa bouche. Ellen, quant à elle, enroula une de ses nattes autour de son doigt mutilé.

Après une profonde inspiration, Stéphanie se pencha vers le gâteau.

Baaooum !

Le glaçage explosa d'un coup et les boutons de rose en sucre traversèrent la salle tels des petits boulets de canon. Les invités, horrifiés, levèrent les mains trop tard pour se protéger. Le cuisinier se mit à hurler.

Stéphanie se tenait toujours droite : sa robe de fête était couverte de chocolat, ses couettes rousses dégoulinaient de sucre fondu. La reine du jour regarda le plat qui avait contenu son gâteau, et toute couleur disparut de son visage.

La panique qui suivit l'explosion permit à Edgar et à Ellen de se faufiler hors de leur cachette et de quitter tranquillement la salle par la porte principale.

1. Une histoire de cire

Il y a bien des années de cela, à l'époque où les bougies étaient aussi importantes que les ampoules aujourd'hui, un homme nommé Nod construisit une fabrique de cire. Il devint rapidement le principal producteur de la région, et sa réussite attira les travailleurs alentour. Ceux-là s'installèrent sur les rives de la Rapid River.

Ainsi naquit le village de Nod's Limbs.

Au commencement, Nod's Limbs n'était qu'un rassemblement de maisons en amont de l'usine. Après une longue journée, les ouvriers se retrouvaient à la taverne locale, où ils pouvaient déguster un repas chaud et se raconter quelques bonnes histoires. Puis les familles grandirent et avec elles la volonté des employés de mener une vie plus agréable. Ils voulurent une vraie ville avec une vraie administration qui leur procure tout ce que méritent des citoyens travaillant dur.

M. Nod, lui, n'avait aucune envie d'administrer une ville, il désirait seulement diriger son entreprise. La vie de ses employés qu'il jugeait étriquée et monotone, ne l'intéressait pas. Il payait un bon salaire et voilà tout. Mais un autre homme rêvait de prendre les rênes de la ville naissante. Ainsi les gens élirent-ils, premier maire de Nod's Limbs, Thaddeus Knightleigh, jovial propriétaire de la taverne. Choix funeste car depuis le maire a toujours été un « Knightleigh ».

Ce maire originel ordonna la construction d'édifices remarquables comme l'hôtel de ville, où les citoyens se réunissaient pour écouter ses discours, le théâtre où ils se divertissaient, le beffroi où ils pouvaient lire l'heure, et les sept ponts couverts qui leur permettaient de traverser la rivière. L'épouse de Thaddeus Knightleigh, descendante d'une famille de chapeliers français, voulut aussi apporter culture et sophistication à cette communauté rurale. Aussi créa-t-elle un magasin d'habillement à la dernière mode parisienne.

À son grand désarroi, Thaddeus Knightleigh ne put jamais convaincre ses concitoyens de rebaptiser Nod's Limbs en « Knightleigh Ville ». Ils avaient trop de respect pour qui payait leur salaire.

2. Où naît le mauvais quartier de la ville

Les habitants de Nod's Limbs menaient une vie simple. Si votre vie était aussi insouciante que la leur, vous seriez probablement aussi en forme qu'eux. Jamais les sourires ne faiblissaient, jamais personne ne jurait, ne se querellait, ne se plaignait du temps, même si la pluie noyait les caves.

Un bonheur parfait !

La population s'accrut, des bébés naquirent mais, c'est inévitable, des gens moururent de maladie ou de vieillesse. Ainsi vint pour Nod's Limbs le temps de construire un cimetière. Pourtant, de peur de ternir l'image de sa charmante ville, Thaddeus Knightleigh se refusait à bâtir quelque chose d'aussi sinistre.

À peu près à la même époque, les détritus s'amoncelant, les citoyens réclamèrent un dépotoir où déposer les objets dont ils n'avaient plus l'utilité. Thaddeus n'en voulait pas non plus. Mais, après une brillante réflexion, il décida d'associer les deux. Loin au sud de la ville, loin de la mairie, du théâtre et du beffroi, il fit défricher une parcelle dans la forêt. Au fil des ans, Nod's Limbs s'étendit et les quartiers poussèrent, loin du centre-ville. Partout sauf aux alentours du cimetière et de la décharge de Nod's Limbs qui restèrent déserts.

Presque déserts, en fait.

Une étroite maison incroyablement haute s'y

élevait. Dominant cimetière et décharge, des piques de métal se dressaient sur le toit de cette construction de pierres grises. La maison elle-même semblait avoir aspiré toutes les couleurs des environs. Deux fenêtres en demi-lune permettaient l'observation minutieuse des passants et, au dernier étage, une fenêtre circulaire émergeait comme un troisième œil. Les volets gris très abîmés claquaient au moindre souffle de vent, et, gravé au-dessus de la porte d'entrée, on pouvait lire : « Schadenfreude », qui signifiait quelque chose comme « La détresse des autres procure de la joie ». Une devise parfaitement appropriée aux deux habitants de la demeure, les jumeaux Edgar et Ellen.

3. Des projets

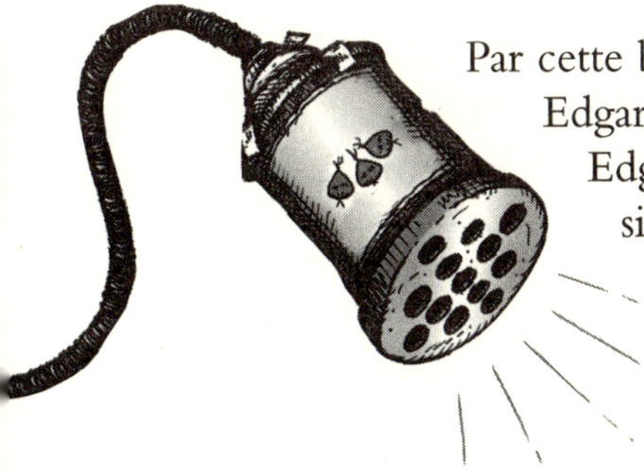

Par cette belle journée de printemps, Edgar et Ellen évitaient le soleil. Edgar travaillait avec enthousiasme sur une nouvelle idée. Dans la salle de jeu, il traçait des plans en s'appuyant sur un plateau d'échecs en très mauvais état. Puis il punaisa au mur son projet terminé à l'aide de fléchettes rouillées. Plus haut, dans la cuisine, Ellen surveillait une casserole sur la cuisinière en fonte. Elle sortit un petit bocal du placard à épices et en mélangea le contenu au bol de porridge d'Edgar.

Elle prit ensuite au-dessus de l'évier une boîte de conserve vide percée par un tuyau d'arrosage et cria dedans : « Petit Frère ! Le repas est prêt ! »

Sa voix circula dans le tuyau et résonna au bout, dans une autre boîte qui pendait dans la salle de jeu.

Edgar avait improvisé cet interphone un an auparavant et percé de tuyaux les treize niveaux de la maison. Une nuit, alors qu'Ellen le croyait dehors à massacrer des lucioles, Edgar lui avait parlé par l'interphone, prétendant que cette voix grondante et désincarnée était celle d'un oncle éloigné, mort de la peste. Décontenancée au début, Ellen avait vite réalisé que c'était une chance d'en apprendre davantage sur l'au-delà. Elle avait assailli l'oncle de questions jusqu'à ce que l'une de ses réponses trahisse le canular: « Heureusement qu'on n'a pas de sœur dans l'au-delà ! » Et elle enferma son frère pendant deux heures dans la-cave-sous-la-cave.

— J'arrive, j'arrive...

La voix d'Edgar résonna aussi dans la cuisine. Il rassembla ses papiers et les monta dans la salle à manger où Ellen était déjà assise devant son porridge.

— Comme tu peux le voir, ma chère sœur, j'ai fini les premiers plans de l'opération Coup de fouet !

Ellen examina les croquis d'un ventilateur géant braqué sur les patineurs de la nouvelle patinoire municipale. Sur les dessins d'Edgar, un certain nombre d'entre eux se fracassaient contre les murs. Il avait minutieusement peint les blessures et autres bleus qui en résultaient.

— Comme les autotamponneuses ! *Boum ! Badaboum !* s'exclama Edgar. Personne n'y retournera et on aura la patinoire pour nous tout seuls ! On a un moteur à turbine au sous-sol, il ne reste plus qu'à trouver ce qui pourrait servir de pales pour le ventilateur !

Et, très satisfait, il engloutit une pleine cuillerée de porridge.

Aussitôt, il crut sa gorge attaquée par une armée de bébés-frelons et il commença de s'étouffer. Il leva ses yeux remplis de larmes et vit Ellen sourire. Elle lui montrait un petit pot sur lequel on lisait « ORTIES ». Il était vide, si on excepte les débris de feuilles qui restaient au fond.

Edgar fonça vers la cuisine chercher un verre d'eau.

Ellen se dirigea nonchalamment vers la fenêtre.

— Des pales de ventilateur... Des pales de ventilateur... répéta-t-elle. Il va falloir faire un tour chez les voisins !

Elle observa tout en bas les pierres tombales noircies par le temps et couvertes de végétation. Son regard circula à travers le cimetière, franchit le mur d'ardoise et se posa sur l'énorme tas de détritus juste derrière.

— Aaah ! Quelle chance d'avoir une si belle vue ! soupira-t-elle alors que son frère s'approchait d'elle à pas de loup, les mains délicatement refermées sur un œuf pourri.

4. Le Cimetière aux trésors

Quand Ellen eut débarrassé ses cheveux de la coulée jaunâtre et gluante, les jumeaux descendirent d'un pas militaire jusqu'à la porte d'entrée. Le bas effiloché de leurs pyjamas battait en rythme sur les marches. Edgar et Ellen, grands et décharnés, ne portaient presque jamais autre chose que cette confortable tenue, dont les rayures rouges et blanches étaient depuis longtemps devenues rouille sale et grises.

Ils sortirent du sombre hall d'entrée, les yeux plissés. Leurs cheveux noirs et gras luisaient au soleil. Se glissant furtivement dans le cimetière, ils empruntèrent pour le traverser l'allée de leur tombe préférée (EN MÉMOIRE DE BERTEL HERRINGBOTTLE, ASSASSINÉE PAR UNE BANDE DE GUÊPES, 1823) et ils disparurent dans les profondeurs du dépotoir.

À l'origine, les habitants de Nod's Limbs utilisaient la décharge comme lieu d'échange des articles d'occasion. Ils se débarrassaient là de vieux bols, d'une hachette émoussée ou de bouteilles vides, et y trouvaient éventuellement un rouet en état d'usage à ramener à la maison. Mais les années passant, de plus en plus d'ordures s'amoncelèrent et de moins en moins de gens vinrent fouiller le dépotoir. Le lieu devint une étendue sans fin de bicyclettes rouillées, de

EN MEMOIRE
de
Bertel HERRIN
1823

pneus usés, de radios défuntes, de fragments de pots de fleurs et autres détritus abandonnés.

Il y avait tellement de verre brisé et de métal coupant que les mères interdisaient à leurs enfants de s'approcher et qu'un ancien maire avait même fait disposer des pancartes « ATTENTION » et « DANGER » à l'entrée.

Mais personne n'avait interdit à Edgar et à Ellen d'y aller car leurs parents étaient loin, en « voyage autour du monde », d'après le mot qu'ils avaient laissé quelques années auparavant. Le grenier des jumeaux était rempli d'objets découverts là au fil du temps. C'est ici qu'Edgar avait trouvé le matériel pour l'interphone ! Et il emportait d'ailleurs partout et toujours avec lui un sac miteux rempli de merveilles chinées dans la décharge, en cas de besoin. Alors, avec affection, les jumeaux avaient rebaptisé l'endroit le *Cimetière à gadgets*.

Edgar escalada un monceau de débris, vacilla un instant au sommet avant de partir en glissade vers la terre ferme. Pendant ce temps, Ellen lançait des vis et des boulons sur son frère en se frayant un chemin vers le fond du dépotoir. Là, protégée par un vieux sommier, une plante énorme se gavait de soleil.

5. Bérénice

— Bonjour, Bérénice, la salua Ellen. Voyons ce que tu as dans ta boîte à sandwich aujourd'hui…

Bérénice était une autre raison pour les jumeaux de chérir le *Cimetière à gadgets*. Ellen l'avait découverte alors qu'elle n'était encore qu'une pousse avec deux petites excroissances roses qui formaient comme une bouche. La toute petite plante était déjà capable de gober une mouche. Pendant des années, Ellen avait essayé de développer des espèces carnivores dans son propre jardin, mais elles ne s'adaptaient pas au climat de Nod's Limbs. Comment celle-ci avait-elle pu pousser sur le dépotoir ? Ellen ne savait l'expliquer. Alors elle prenait soin de Bérénice et lui avait même fabriqué un piège à insectes en tapissant un vieux seau de papier collant.

Bérénice se révélait particulièrement vorace, et la nourrir était devenu l'un des grands plaisirs des jumeaux. Même Edgar, qui n'avait pas vraiment la main verte, aimait approvisionner la plante en mouches, coccinelles, petites araignées et tout autre insecte qu'il pouvait trouver.

Ellen s'approcha du seau et en retira une à une les victimes du papier collant avant de les placer délicatement sur les grosses lèvres de Bérénice. La gorge de celle-ci se mit à crépiter comme du bacon en train de frire. Ellen restait prudente : des petites graines blanches et très dures bordaient la bouche de la plante carnivore, donnant l'impression qu'elle souriait de toutes ses dents. Un jour, un doigt d'Edgar s'était retrouvé coincé entre ses mâchoires, et il avait fallu la force combinée des deux jumeaux pour qu'elles s'ouvrent ! Edgar gardait une cicatrice là où Bérénice avait transpercé son index.

Ellen regarda les graines blanches qui jonchaient le sol. Chaque soir, elles tombaient de la bouche de la plante, laissant Bérénice édentée, et chaque matin de nouvelles poussaient à leur place. C'était un autre des mystères de la plante.

— Je ne comprends pas, Petit Frère, se plaignit Ellen. J'ai tenté de planter des tonnes de graines de Bérénice, et aucune d'elles n'a germé. Elle n'a peut-être pas assez de nourriture ?

— Impossible ! Vu comme tu la gaves…

Edgar fouillait derrière une machine à laver.

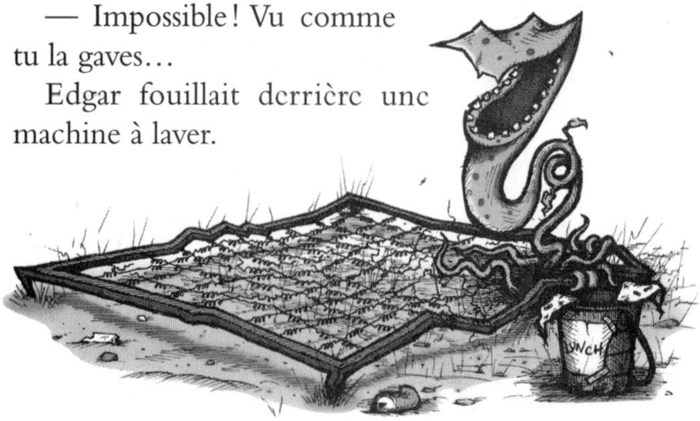

— Est-ce que tu vas vouloir lui faire faire aussi son petit rot ? Allez ! Laisse-la et mets-toi au travail !

Ellen lui lança un presse-papier ébréché et commença à remuer les déchets à la recherche de potentielles pales géantes. Elle proposa une vieille portière de voiture à Edgar mais il la refusa. Trop lourde ! Ils s'orientèrent vers un amas de tuyaux éventrés sous un échafaudage branlant. De tas en tas, à travers le dépotoir, les jumeaux chantaient :

C'est après les tombes des morts
Qu'on trouve tous nos trésors
Y a des piles de vieux déchets
Des détritus plein les talus
Et c'est bien ça qui nous plaît
Des merveilles pour nos projets.

— Que penses-tu de cette planche de surf ? demanda Ellen

— Oui… peut-être… répondit Edgar.

Il y réfléchissait encore quand les jumeaux entendirent des voix par-delà le mur du cimetière.

6. Une intrusion inquiétante

— Un enterrement ? chuchota Ellen.

Les voix s'approchaient du dépotoir, alors les jumeaux se réfugièrent derrière une pile de pneus abandonnés.

Ils avaient rarement vu quelqu'un venir ici et ils furent très surpris de reconnaître, à l'entrée de la décharge, le maire, M. John Knightleigh en personne !

Son pantalon de costume bleu marine contenait à peine son ventre qui débordait de sa large ceinture. Toute petite à son côté, sa fille Stéphanie l'accompagnait.

— Mais qu'est-ce qu'elle fiche ici ? dit Ellen en tirant son frère par l'oreille.

— Ouille ! Ça va, j'ai vu ! J'ai vu !

Et il lui frappa la main.

Le maire observait l'immense étendue de déchets. Il se pencha pour ouvrir son porte-documents et cela fit sauter un bouton de sa chemise. Il ne le remarqua pas et saisit un carnet volumineux pour y griffonner quelques mots.

— Où est Miles ? demanda-t-il.

— Papa, je ne suis pas censée surveiller mon frère, lui répondit Stéphanie, mais elle se retourna quand même vers le cimetière.

— Miles ! appela-t-elle. Miles ! Reviens par ici !

Un jeune garçon, petit pour ses neuf ans, avec des

taches de rousseur et des cheveux blond-roux qui lui tombaient sur la figure, accourut, quelques feuilles de papier et des crayons à la main.

— Regarde, Stephie ! J'ai fait comme on m'a appris à l'école ! J'ai posé la feuille sur les lettres en relief d'une tombe et j'ai frotté avec mon crayon ! Regarde !

Il brandissait fièrement le résultat devant lui. Gravé sous un crâne, on pouvait lire : « Ci-gît Nathaniel Fortesque. Ne faites pas ce qu'il a fait, vous en perdriez aussi la tête. »

— Oh, Miles ! Ce que tu es morbide ! s'écria Stéphanie. Arrête tes bêtises et ne te salis pas !

Miles leva le pouce en signe d'acquiescement et repartit en courant. Stéphanie sortit un appareil photo et prit quelques clichés tandis que son père écrivait toujours dans son carnet. Elle s'arrêta un moment, se pinça le nez sous les effluves persistants de pourriture et lissa la jupe de son ensemble mauve.

Ellen fronça les sourcils. Par principe, elle détestait ces couleurs pastel, or Stéphanie ne portait que cela. Prête à lui balancer quelques ordures, Ellen retint pourtant son geste quand un cri aigu et jubilatoire se fit entendre du fond du dépotoir.

— Waouh ! Quelle drôle de plante !

Miles venait de trébucher sur le sommier rouillé qui abritait Bérénice. Il approcha la main pour toucher les lèvres roses. Pleine d'espoir, Bérénice attendait. Les jumeaux aussi.

— J'espère qu'il n'a pas régulièrement besoin de son index ! ricana Edgar.

Il sourit et fit craquer ses doigts.

— Miles ! Qu'est-ce que tu fais ? lui cria Stéphanie qui le visait dans son appareil photo.

Elle se précipita, saisit la main de son frère. Alors seulement elle regarda la plante de plus près.

— Beurk ! Quelle idée de vouloir toucher un truc pareil !

— Elle est chouette ! rétorqua calmement Miles.

Stéphanie le traîna pour rejoindre leur père.

Les jumeaux esquissèrent une grimace de déception.

Bérénice goba une mouche.

— Bon ! Cela ira comme ça ! s'exclama le maire en griffonnant une dernière note. Stéphanie, tu as pris les photos ?

— Oui, Papa. Mais sortons d'ici. Cet endroit est immonde !

— Plus pour très longtemps, ma chérie. Plus pour très longtemps.

Il rangea son carnet dans son porte-documents sans voir qu'une page s'en échappait et glissait au sol. Aucun autre Knightleigh ne le remarqua.

— Papa ? demanda Miles. Qu'est-ce que tu comptes faire de cet endroit ?

— L'embellir, mon garçon, et le rendre utile !

Monsieur le maire croisa les mains sur son ventre et embrassa du regard les monceaux de déchets.

— Si mon projet aboutit, je parviendrai à faire ce que mon arrière-arrière-arrière-arrière-arrière-arrière-arrière-grand-père Thaddeus n'a jamais réussi : rendre le nom de Knightleigh plus célèbre que celui de Nod !

Miles donna un coup de pied dans la poussière.

— Mais tu ne toucheras pas à cette plante, dis ?

— Bien sûr que si, Miles ! Cette herbe infecte suivra le même chemin que tous ces déchets !

Stéphanie approuvait de la tête, et Miles continuait de fixer le sol.

— Mais Papa… insista-t-il.

— Miles, ça suffit ! Je suis très occupé et je ne peux pas traîner ici toute la journée.

Stéphanie et son père quittèrent le dépotoir d'un pas vif, tirant Miles derrière eux. Les jumeaux attendirent qu'ils aient disparu dans le cimetière pour émerger de leur cachette.

— Qu'est-ce que tout ça veut dire ? s'inquiéta Edgar. Qu'est-ce que Knightleigh veut faire de notre *Cimetière à gadgets* ?

— Ah, cette Stéphanie ! s'écria Ellen. Elle n'y connaît rien aux plantes ! La prochaine fois que je la vois, je lui fais bouffer une de ses couettes !

— Pourquoi ils ont pris des photos ? Il voulait dire

quoi, Knightleigh, par : *elle suivra le même chemin que tous ces déchets* ? Qu'est-ce qu'il mijote ?

— ... et tous ces rubans ridicules !

— Ellen ! Oublie Stéphanie une minute !

Il tira un coup sec sur une des nattes de sa sœur.

— On doit trouver ce que le maire a dans la tête !

Ellen regarda enfin son frère.

— Et il a menacé Bérénice ! ajouta-t-elle. *Une herbe infecte !* La plus belle plante de la planète, oui ! Comment tu comptes faire, Petit Frère ?

Edgar ne répondit pas. Il ramassa la page oubliée par le maire et la parcourut rapidement. Avant de la tendre à Ellen, il laissa échapper un petit rire féroce.

— Hélas, notre opération Coup de fouet va devoir attendre un peu, Petite Sœur... Regarde !

Sous le sceau officiel du cabinet du maire, le document annonçait :

7. Effraction

Le lendemain, à midi, les jumeaux rampaient dans un étroit conduit d'aération.

— Aïe ! Arrête de pousser !

— T'as qu'à accélérer ! Où est son bureau ?

La lampe du casque de mineur que portait Edgar leur éclairait le chemin. Ils firent une pause pour examiner le plan de l'hôtel de ville. Les jumeaux étaient entrés dans le système de ventilation par une ouverture du toit. Circuler dans les conduits était-il angoissant ? Salissant ? C'était un travail sur mesure pour les jumeaux.

— Nous ne sommes plus très loin. Ça devrait être là-bas sur la gauche, dit Edgar.

— Dépêchons-nous ! chuchota Ellen. On doit être entrés et ressortis avant qu'il ait fini son discours.

— *Pff !* Alors on a toute la journée ! Ce moulin à paroles adore s'écouter parler.

Edgar progressa lentement jusqu'à une grille qui surplombait le bureau du maire. Ellen s'écrasa contre lui.

— Attention ! dit-il en vérifiant à nouveau le plan. Bon, ça doit être là…

De sa besace, il tira un tournevis et dévissa la grille qui s'écrasa au sol. *Clang !*

— Chut ! protesta Ellen.

— Pourquoi tu t'inquiètes ? répondit Edgar. Toute la ville est devant la mairie pour le discours !

Les jumeaux se laissèrent chuter dans le bureau du maire. Par une fenêtre ouverte, ils entendaient les murmures de la foule et le grésillement d'un micro.

Ils observèrent la pièce. Un grand bureau en occupait le centre. Une plaque de bronze trônait dessus, qui disait : « À John Knightleigh, notre estimé et honoré maire. » Deux tableaux se faisaient face sur des murs opposés. L'un représentait un portrait du maire, l'autre celui de l'empereur Napoléon. Mais en y regardant de plus près, Edgar réalisa que le deuxième était en fait le portrait du maire « déguisé » en Napoléon.

Des étagères couvraient les murs, encombrées de trophées bien astiqués et de distinctions au nom du maire. Ils s'approchèrent d'une grande carte de Nod's Limbs, accrochée au mur, derrière le bureau. Plusieurs punaises violettes étaient plantées dans les hauts lieux de Nod's Limbs comme le beffroi et le musée de Cire.

— Que signifient ces punaises ? demanda Edgar.

— Et que veut dire celle-là ? ajouta Ellen.

Jouxtant leur propriété, à l'emplacement étiqueté « Cimetière et Dépotoir », la punaise rouge était la plus grosse du plan.

— J'ai l'impression que ce vantard de maire prépare un sale coup, grogna Edgar.

— Je suis d'accord, acquiesça sa sœur. On devrait trouver un indice ici...

Ellen vit un petit meuble de rangement dans un coin de la pièce. Elle réussit à en forcer la serrure avec le tournevis d'Edgar. Son frère examina avec attention une pile de papiers sur le bureau. Dehors, après un dernier test du micro, la voix du maire retentit :

— Bienvenue, mes chers concitoyens ! Maire de notre belle ville et fort de tant de grandes réalisations, j'ai requis votre présence aujourd'hui sur les marches de l'hôtel de ville pour vous annoncer une nouvelle de la plus haute importance ! Je viens de planifier un nouveau programme d'une ampleur extraordinaire ! Un programme ambitieux qui sera encore plus bénéfique à notre ville que toutes mes précédentes initiatives, déjà si réussies ! Je vais attirer dans notre ville les capitaux dont nous avons besoin pour notre économie locale ! Construire des immeubles et créer des emplois ! Accroître notre fierté d'appartenir à cette communauté si attachée à son histoire mais résolument tournée vers l'avenir ! Ce programme fera de Nod's Limbs un lieu incontournable de notre pays !

Ellen ouvrit brusquement le tiroir du meuble et poussa un gémissement.

— Cela va nous prendre une éternité de tout lire !

Elle montra du doigt les rangées de dossiers suspendus.

Dehors le maire continuait :

— Moi, John Knightleigh, je vais organiser un festival et un défilé à la gloire de notre ville, à son histoire, à sa culture !

— Je ne sais pas si un musée de cire, c'est vraiment culturel ? dit Edgar en continuant de parcourir les papiers.

Il ne trouvait rien qui mentionne le dépotoir mais une chemise en papier kraft attira son attention.

Noté en biais, on pouvait lire « VISITE des VIP » et, en dessous, tamponné à l'encre rouge : « CONFIDENTIEL ». Edgar ouvrit rapidement le dossier :

NOTES CONFIDENTIELLES

À : Monsieur le maire

De : Commission sur l'initiative touristique

Ci-dessous, les personnes à inviter pour la visite et le festival. Si ces personnalités sont séduites par notre projet, elles sauront convaincre le ministère du Tourisme d'inscrire notre ville sur leur liste de catégorie 1. Cela garantirait le succès de notre projet.

— *Garantirait le succès de notre projet ?* reprit Edgar. Il veut inviter des gens célèbres à visiter la ville ? Qu'est-ce qu'ils viendraient bien faire ici ?

Il continua de lire :

Nils et Nora de Groot

Couple d'architectes. Numéro un du design, il y a une trentaine d'années. Au trente-septième rang aujourd'hui, mais les autres n'ont pas répondu à notre invitation. Célèbres pour leurs projets de cabines téléphoniques flottantes pour plate-forme pétrolière. Espèrent qu'un nouveau projet les remettra au-devant de la scène du design international et sont prêts à travailler sur nos idées.
Remarque : Ont demandé que tous les tableaux de leur chambre soient recouverts de tissu pour « libérer leur énergie créatrive ».

Blake Glide

Acteur de films d'action. A joué dans *Destructor* et *Missile fatal* 1 à 9. Son unique tentative d'adaptation de Shakespeare, *RoboHamlet*, a été un cuisant échec.
Cherche à investir dans un hôtel avec salle de spectacle dont il serait la vedette.

Mary Feemore

Rédactrice de brochures de voyages de seconde zone. A demandé à participer à la visite organisée de la ville. Prête à payer son voyage. Aucun autre renseignement.

Alexandra Sai
Célèbre journaliste, spécialiste des voyages et chef de la rubrique touristique du *Capital Times*. Publie ses chroniques dans tous les magazines importants. Pas de mari, pas d'enfant, pas d'animal domestique. Basée à New York, à Londres et Rio de Janeiro. Extrêmement influente. Réputée pour être accro au café et particulièrement à l'expresso.

Edgar reposa la chemise sur le bureau.

— Curieux, murmura-t-il.

Dehors, le maire continuait son discours soporifique :

— Bientôt les touristes accourront dans notre charmante cité pour un circuit à couper le souffle ! J'ai planifié moi-même une première visite de Nod's Limbs pour des invités célèbres ! Grâce à leur soutien, notre ville aura enfin sa place dans les guides touristiques. Nod's Limbs deviendra un haut lieu historique et culturel ! Il est temps que le monde découvre notre belle cité !

Ellen continua de feuilleter les dossiers.

— Pour rendre hommage aux ancêtres français de la famille Knightleigh qui ont tant œuvré pour notre ville, j'organiserai d'abord le premier festival du Pain français ! Avec défilé et concours de cuisine ! Et je vous réserve une inoubliable surprise pour l'inauguration !

Les jumeaux pouvaient entendre des oh ! et des ah ! monter de la foule.

— Même si Knightleigh réussit par je ne sais quelle magouille à faire venir des VIP et des touristes, je ne vois pas où ils pourraient les loger ! Il n'y a que le Motel Hôtel ici, et c'est encore plus miteux que la cabane d'Heimertz ! s'exclama Edgar.

Heimertz était l'homme à tout faire de la maison des jumeaux. Et bien qu'aucun d'eux n'ait vu l'intérieur de la masure où il dormait, l'extérieur en disait assez long.

— Làààààà ! cria Ellen.

Elle venait de trouver dans le meuble un dossier intitulé : PLANS DE RÉAMÉNAGEMENT DU DÉPOTOIR.

Quand elle en sortit la luxueuse présentation d'une construction encore plus luxueuse, elle en eut le souffle coupé : les dessins montraient une grande bâtisse avec deux fenêtres en demi-lune, surmontée d'une coupole ! Une rangée de drapeaux de Nod's Limbs flottaient sur le toit et toutes les fenêtres avaient des volets d'un blanc étincelant. Des buissons aux fleurs violettes bordaient une pelouse sans défaut, et la façade de l'immeuble était peinte d'une couleur lavande.

Edgar s'approcha.

— On dirait notre maison, Ellen… mais en mode cauchemar !

Il n'avait jamais rien vu d'aussi terrifiant.

— Edgar, je crois qu'on l'a trouvé, son projet touristique !

Ellen indiqua du doigt le cartouche sous le dessin : GRAND HÔTEL KNIGHTLEIGH (sur site de l'ancien dépotoir).

— Le maire veut construire un hôtel de luxe qui ressemble à notre maison à l'endroit même du *Cimetière à gadgets* ! Et il espère que les touristes y viendront en masse !

— Mais il ne peut pas faire ça ? s'écria Edgar. C'est notre cimetière ! Où on trouverait notre matériel ? Tu te rends compte ? Avec les projets que j'ai en cours ?

— Regarde ! gémit Ellen. Des fontaines avec des petits anges sur la pelouse de devant ! Et ça ? C'est… c'est des… des pâquerettes ? Je vais vomir !

La vue des petites fleurs champêtres fit frissonner Ellen et lui rappela autre chose.

— Edgar, dit-elle, ils vont tuer Bérénice !

Les jumeaux se dévisagèrent.

— Dans une semaine, termina le maire, débuteront le festival du Pain français et notre toute première visite de la ville ! Pour guider nos invités, j'ai engagé une jeune fille qui a reçu les Félicitations pour son exposé d'histoire : « Nods'Limbs, des origines à nos jours », une jeune fille méritante : Stéphanie Knightleigh !

Ellen sursauta et se précipita à la fenêtre : Stéphanie

en robe lavande saluait de façon théâtrale. Après quelques applaudissements polis, le maire sourit avec fierté.

— Ce projet est le fruit de longs mois de réflexions et de batailles. Je vous demande à vous, mes chers concitoyens, de m'aider à apporter à notre ville toute la gloire et la fortune que je mérite… euh… je veux dire qu'elle mérite !

8. Réfléchir

Edgar et Ellen rentrèrent chez eux. Après Ricketts Road, ils empruntèrent la rue sans nom qui conduisait à leur maison. Ils eurent un frisson à la vue de leur chère décharge.

À pas lents, ils franchirent la porte d'entrée de leur maison puis le sinistre hall, et commencèrent à monter. À chaque palier, ils passaient devant un objet provenant du *Cimetière à gadgets*. Une collection poussiéreuse d'yeux de verre, ce qui restait d'une robe de mariée qu'Ellen avait portée pour effrayer les petits enfants, leur lampe à pétrole pour explorer les égouts… Ils atteignirent enfin le bureau du quatrième étage, où Animal paressait sur un sofa en lambeaux.

Les jumeaux avaient découvert Animal dans la cave-sous-la-cave quelques années plus tôt et avaient décidé de garder ce tas de poils mêlés. Sans membres apparents, le seul signe distinctif d'Animal était un unique œil jaunâtre en haut du tas. Animal était beaucoup trop lent pour réussir à s'échapper et Edgar l'attrapa pour en faire une boule.

— John Knightleigh va détruire notre *Cimetière à gadgets*, Petite Sœur ! Il va jeter Bérénice… aux ordures, dit-il en se préparant au lancer.

Les jumeaux jouaient souvent à cette version très personnelle du base-ball. Quand quelque chose les tracassait, Animal devenait leur balle favorite.

Pffiiiou !

Ellen stoppa Animal.

— Le maire a dit que la visite est pour la semaine prochaine, il ne peut pas construire son hôtel d'ici là !

Le globe oculaire jaunâtre d'Animal roulait sur lui-même. Ellen tourna brusquement le dos à son frère et lui lança Animal entre les jambes. Le tas poilu tournoya dans les airs comme un yo-yo velu.

Flatch !

Edgar l'attrapa d'une seule main.

— T'as raison, dit-il avec une lueur dans le regard. Il ne construira son hôtel que *si* beaucoup de touristes veulent venir à Nod's Limbs ! C'est pour cela qu'il a besoin de ses VIP ! Les architectes pour construire l'hôtel, l'acteur pour le financer et les journalistes pour convaincre les touristes de venir passer leurs vacances ici !

Edgar renvoya Animal à Ellen et fit exprès de viser trop court.

Ellen s'écorcha les genoux en plongeant pour l'intercepter.

— Donc, dit-elle, nous devons seulement les en empêcher !

— Et qu'est-ce que tu penses de cette jeune « fille méritante » ? demanda Edgar, le ventre gonflé pour imiter le maire. Stéphanie Knightleigh devient guide !

Ellen haussa les sourcils.

— Ça serait vraiment dommage qu'elle arrive trop tard pour la visite…

Et elle visa le front d'Edgar.

Tchac !

— N'est-ce pas, Petit Frère ?

— Tout à fait, Petite Sœur ! Vraiment dommage, dit-il en se massant la tête. Et qui, dans ce cas-là, guiderait alors ces pauvres VIP ?

— Oui, qui ? renchérit Ellen. Qui leur ferait apprécier notre charmante ville ? S'ils ne l'aiment pas, ils ne conseilleront sans doute jamais à personne d'y venir…

— Et nous n'aurions pas besoin d'un nouvel hôtel, ajouta Edgar.

— Et aucune raison de vider le dépotoir ni de déraciner Bérénice, conclut Ellen.

Animal, qui avait atterri sur le plancher, se réfugia sous le canapé tandis que les jumeaux quittaient la pièce.

9. Élégance et sophistication

Pendant ce temps, les habitants de Nod's Limbs se préparaient pour l'arrivée des visiteurs et le festival du Pain français.

Dans un souci d'élégance inspiré par les jardins de Versailles, M. Poshi, équipé d'une nouvelle paire de cisailles offerte par la mairie, procéda à une taille raffinée des arbustes de son jardin. Dans un souci d'élégance et de sophistication, sa voisine, Mme Jackson, cousit un manteau à la mode canine des chiens de salon français pour Roxy son basset.

Roxy n'apprécia pas l'expérience.

Partout dans la ville, les pelouses étaient tondues, les façades repeintes de couleurs vives. Dans le centre, les commerçants regarnissaient les vitrines. M. Barbarino, le propriétaire de l'un des restaurants les plus fréquentés de Nod's Limbs, ajouta le pain français à son menu et Mme Gomez disposa dans son salon des photos de coiffures parisiennes sophistiquées.

L'activité autour de l'hôtel de ville passionnait tout le monde. Un vaste échafaudage s'élevait sur plusieurs étages. On y avait suspendu des pancartes « DÉFENSE D'ENTRER » et, à toute heure du jour et de la nuit, on pouvait entendre des ouvriers du bâtiment et leurs machines à des kilomètres à la ronde.

Quoi que ce soit, ce qui était caché derrière cet échafaudage paraissait énorme, et le maire avait pris soin de le dissimuler aux citoyens trop curieux.

10. À la bibliothèque

Les jumeaux passèrent la majeure partie de la semaine à la bibliothèque. Pas à la bibliothèque municipale, mais dans la leur, celle qui occupait entièrement le huitième étage de la maison. Ils avaient toujours apprécié cette pièce : elle offrait d'excellentes cachettes pour leurs dangereux jeux de cache-cache, et la suie de la cheminée était idéale pour encrasser voitures et maisons du voisinage.

Pour les livres, c'était autre chose… À part l'exemplaire de *Guerre et Paix* qu'Ellen aimait laisser tomber de temps en temps sur les orteils d'Edgar, ils ne touchaient jamais à ces volumes poussiéreux.

Mais ce jour-là, ils s'étaient installés côte à côte devant deux piles de livres. Edgar avait volé le programme de la visite dans le bureau du maire, aussi savait-il exactement où Stéphanie devait emmener les VIP. Les jumeaux avaient déjà quelques idées pour rendre cette visite inoubliable.

En feuilletant *Toute l'Histoire de Nod's Limbs,* Ellen se demandait comment un être humain avait pu avoir envie de passer tout ce temps à écrire un livre pareil. Dans l'autre pile, les ouvrages étaient plus intéressants, on y trouvait par exemple le *Frankenstein* de Mary Shelley, le *Dracula* de Bram Stoker, et le *Guide sanglant des films d'horreur.*

Edgar avait sorti sa machine à écrire, une Underwood Standard noire à lettres dorées, ramenée d'une expédition mémorable au *Cimetière à gadgets*. Il tapait pendant qu'Ellen dictait sa description des hauts lieux de Nod's Limbs, enrichie d'idées inspirées par les auteurs de la deuxième pile. Ensuite, elle les illustrait. Son imagination devait beaucoup à un ouvrage sur les monstres, les vampires et autres créatures de la nuit. Puis elle collait ses dessins à côté du texte.

Ellen se pencha pour surveiller le travail d'Edgar.

— Il n'y a qu'un *n* à boucanier !

— C'est de ta faute ! Tu me dictes des mots que je ne connais pas ! On ne peut pas corriger avec cette machine-là, il faut que je refasse tout !

— Tant pis ! Un guide, ça doit être parfait ! Professionnel ! Recommence…

Et elle se replongea dans son dessin, une représentation très expressive de quelques squelettes.

Quand ils furent enfin satisfaits de leur travail, Ellen rassembla les pages et fabriqua une couverture qu'elle titra : *Nod's Limbs, surtout n'y allez pas !*

11. Ils sont là !

Avec toute cette activité, la semaine passa vite.

À la veille du festival, le maire John Knightleigh s'impatientait dans le hall du Motel Hôtel. Il tirait avec nervosité sur les revers de sa veste et rectifiait sans cesse son nœud de cravate. Sa fille Stéphanie le suivait deux pas derrière, les bras chargés d'un plateau de croissants frais offerts par Buffy Muffin qui s'appelait désormais la Pâtisserie Buffy, dans un souci d'élégance et de sophistication.

La foule se pressait sur le parking et sept employés municipaux brandissaient des pancartes. On pouvait y lire le même message de bienvenue que celui peint sur les ponts couverts de la ville : AMI, BIENVENUE À NOD'S LIMBS ! RESTE DONC UN MOMENT !

Dans un grincement de freins, un car de luxe pila devant l'hôtel. Au signe du maire, le comité d'accueil se mit à applaudir. La porte du car s'ouvrit sur Nils de Groot qui en descendit sous un grand soleil. Il se déplaçait à longues enjambées dans un costume noir sur un pull à col roulé noir. Sa chevelure argent tombait sur ses épaules comme des volutes de fumée. Le célèbre architecte ouvrit grands les bras et passa sans la voir devant la main tendue du maire.

— C'est évident ! cria-t-il en regardant l'hôtel miteux. C'est aussi clair qu'une goutte de rosée sur un pétale de lys ! C'est là ! Là que ce village de Lob's Limbs doit construire son cadran solaire inversé ! En pur nickel ! Cela sera notre plus belle réussite !

— Oh, non, Nils ! Non !

Sur le marchepied du car, Nora de Groot se tenait bien droite, ses mains gantées de blanc sur les hanches.

— Nils, regarde cette lumière, la courbure de ces collines, ces modestes constructions… il faut à ce village une caserne de pompiers en forme de cloche ! En albâtre sculpté !

Les architectes entrèrent dans l'hôtel en se disputant. La robe blanche de Nora de Groot ondoyait, son écharpe flottait derrière elle. Ils ignorèrent le maire.

— *Nod's* Limbs, pas Lob's Limbs ! leur cria-t-il. Et c'est une ville !

À son tour, une jeune femme descendit du car, munie d'un bloc-notes jaune. Mary Feemore. Le maire avait entendu dire qu'elle écrivait quelques articles pour une petite maison d'édition spécialisée dans les brochures touristiques, distribuées dans les stations d'autoroutes.

Elle paraissait fatiguée mais son visage s'éclaira quand elle aperçut le maire et Stéphanie.

— Bonjour, monsieur le maire. Permettez-moi de me présenter ! lui dit-elle en prenant la main toujours tendue.

— Oui, oui ! Un temps merveilleux ! répondit-il en lâchant aussitôt sa main.

Il regardait déjà la personne suivante qui sortait du car, et il n'était pas le seul. La foule et le comité d'accueil commencèrent à se bousculer pour mieux voir Blake Glide, l'acteur. La star d'une trentaine de films d'action à gros budget inclina la tête pour permettre aux photographes de profiter de son meilleur profil. Il ôta sa casquette, passa ses doigts dans ses cheveux pour en rectifier le savant désordre et leur adressa un sourire éclatant.

Après avoir chaleureusement remercié le maire, Blake Glide partit d'un pas nonchalant vers son essaim de fans. Il serra des mains jusqu'à ce qu'une fille au teint blanchâtre, au menton pointu et à la perruque blonde lui demande :

— Je peux avoir votre autographe ?

— Comment refuser ? répondit-il avec un clin d'œil. Que voulez-vous que j'écrive ?

— À Edgar qui pue la charogne !

— Je vous demande pardon ? hoqueta la star. Euh… et si je signais seulement ?

— Comme vous voudrez !

La fille reprit son stylo, son bout de papier et s'éloigna.

— Merci ! lança-t-elle. Je rêvais d'avoir l'autographe d'un chauffeur de car !

Le public continuait de crier pour attirer l'attention de Blake Glide, et le maire se retrouva seul pour accueillir la VIP la plus influente de toutes.

— Madame Sai... Laissez-moi être le premier à vous souhaiter la bienvenue dans notre chère Nod's Limbs si chargée d'histoire !

— Ah oui, merci beaucoup, grinça Alexandra Sai. Je suis en-chan-tée ! Ce n'est pas tous les jours que je visite une ville plus petite que mon appartement !

Une oreillette de portable dans une oreille, un stylo sur l'autre, elle gratifia le maire d'un regard dédaigneux et regarda en bâillant les habitants de Nod's Limbs qui applaudissaient toujours.

Son silence devenait embarrassant, Stéphanie avança.

— Bienvenue, madame Sai. Désirez-vous un croissant ?

— Je ne mange ni farine ni sucre industriels, répondit froidement Alexandra Sai.

— Naturellement ! Et c'est pour cela que vous restez si mince ! s'exclama le maire avec son plus beau sourire de campagne électorale. Moi non plus, aucun sucre industriel...

Alexandra Sai loucha sur le ventre rond du maire.

— Ouiiii... Bien sûûûr... fit-elle.

— Nod's Limbs a un héritage culturel remarquable, enchaîna le maire. Nous vous avons prévu des choses merveilleuses !

Par-dessus ses lunettes, Alexandra Sai regarda le Motel Hôtel.

— Eh bien, dit-elle, j'espère que la première de ces choses est un double expresso !

12. Clef à molette

À la nuit tombée, Edgar et Ellen se retrouvèrent dans leur grenier-au-dessus-du-grenier pour vérifier leurs outils.

— Peinture rouge ?

— O.K. !

— Corde ?

— O.K. !

— Clef à molette ?

Là, Ellen ne répondit pas, elle se tourna vers le grand télescope installé derrière elle. C'était le seul objet dans le grenier-au-dessus-du-grenier. Installé sous un panneau mobile du toit, il offrait une vue panoramique sur Nod's Limbs. Même à cette heure avancée, Ellen put constater que les habitants s'affairaient encore aux préparatifs du lendemain.

— Clef à molette ? répéta Edgar.

Ellen ne répondit toujours pas. Œil collé à la lentille, elle modifia l'angle du télescope. En bas dans le jardin, elle aperçut enfin ce qu'elle cherchait : la boîte à outils de Heimertz sans surveillance devant son appentis.

— Clef à molette, O.K. ! Il te suffit d'aller la chercher.

Personne d'autre au monde n'inspirait une telle terreur aux jumeaux. Leur homme à tout faire, qui ne semblait jamais faire quoi que ce soit, avait l'angoissante habitude de surgir de nulle part, comme par magie. Edgar et Ellen détestaient son regard fixe qui paraissait deviner leurs pensées les plus secrètes, et son sourire immobile de chat.

En fait, Heimertz ne leur avait jamais adressé la parole.

Rien que l'idée de devoir rôder autour de la masure de l'homme fit frissonner Ellen. Mais si la clef à molette se trouvait dans la boîte à outils, quelqu'un devrait se dévouer. Ellen céda la place à son frère devant le télescope.

— T'es folle ? cria-t-il. Heimertz dort peut-être en ce moment même !

— Raison de plus pour que tu y ailles tout de suite, répliqua-t-elle.

— Pourquoi moi ?

— C'est toi, le Grand Houdini ! dit-elle.

Edgar aimait s'entraîner à imiter les techniques d'évasion du grand illusionniste. Et souvent, il s'en était félicité.

Il hésita pourtant avant de descendre les étages sur la pointe des pieds et avant de quitter la sombre demeure pour une nuit encore plus sombre. Edgar se rapprocha de la boîte à outils. Ses pieds faisaient des bruits de succion dans la terre détrempée. Il entendit des ronflements dans l'appentis et s'agenouilla devant la boîte. Lentement, il souleva le couvercle.

Crrriiiiiic !

Son estomac se serra, mais Heimertz continua de ronfler. Edgar retint sa respiration. Enfin ses doigts rencontrèrent une forme familière. Il saisit brusquement la clef à molette et s'enfuit.

Dans sa hâte, Edgar ne remarqua pas que les ronflements d'Heimertz avaient cessé et que l'endroit était devenu aussi silencieux qu'une nuit sans criquets. Il ne vit pas non plus le sourire qui flottait derrière l'unique fenêtre délabrée.

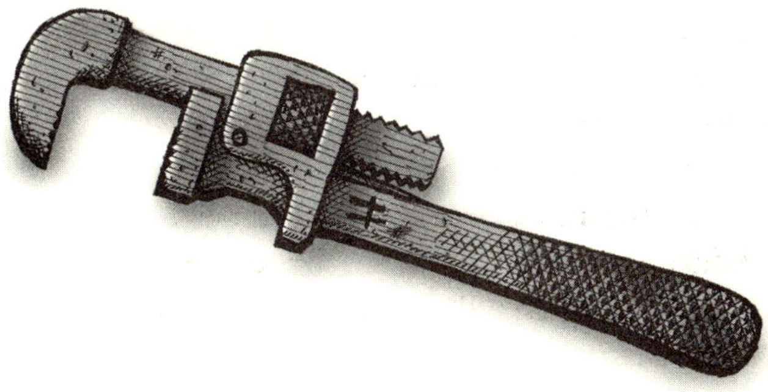

13. Comment préparer un désastre

Quelques heures avant l'aube, les jumeaux se glissèrent hors du jardin. Ils se faufilèrent dans le labyrinthe des maisons endormies. Edgar avait empli sa besace de matériel et Ellen portait sur l'épaule une pelle rouillée. Tous deux tenaient fermement des brosses et des pots de peinture. Profitant des zones d'ombre, ils se dirigèrent vers le centre-ville sans se faire remarquer des quelques habitants qui balayaient encore les trottoirs ou arrosaient les parterres.

À l'angle d'une rue, ils se retrouvèrent devant la haie fraîchement taillée de la famille Poshi. Les répliques feuillues de monsieur, de madame et des enfants Poshi semblaient saluer joyeusement les jumeaux. Un buisson avait même été taillé pour ressembler à leur cocker.

— Aucune plante ne mérite une telle humiliation, grogna Edgar. Je sens qu'il est de notre devoir de rendre leur honneur à ces misérables arbustes !

Il prit les cisailles qui traînaient sur la pelouse.

Pendant que son frère s'attaquait à la végétation, Ellen espionna Roxy, le basset tondu à la mode canine parisienne, qui dormait dans le jardin voisin devant sa niche redécorée. En prenant garde de ne pas réveiller le chien, elle dénoua le nœud violet à sa queue et jeta un œil du côté d'Edgar. Il en avait presque terminé avec les cisailles.

— Tu sais, Petite Sœur, dit-il en coupant d'un coup sec la main levée du plus jeune des fils Poshi, il y a encore une faille dans notre plan : Stéphanie. Elle pourrait tout faire rater !

— On se débrouillera pour l'en empêcher, répondit Ellen en jetant d'un air détaché le ruban violet sur le tas de branchages de son frère. Mais dépêche-toi, Edgar ! Nous avons beaucoup à faire et la nuit est courte.

Ils se séparèrent près de la rivière. Ellen prit la direction du Motel Hôtel. Une fois son matériel caché dans le hall, elle arpenta les couloirs sombres sur la pointe des pieds et glissa sous la porte de chaque touriste une note manuscrite.

Elle se redressa. Quelque chose bougeait à l'extrémité du couloir. Une femme longiligne vêtue d'une robe blanche avançait silencieusement sur la moquette. Ellen aurait tellement voulu qu'Edgar soit là, lui qui rêvait de rencontrer un fantôme !

— Vous ne le voyez pas ? demanda le fantôme.

Quelle déception ! Le spectre était fait de chair et d'os. Et il parlait en dormant.

— Vous ne le voyez pas ? répéta Nora de Groot.

— Chut ! siffla Ellen.

— Vous ne le voyez pas ? fit la somnambule en haussant le ton.

Ellen eut peur que ces cris ne réveillent les autres clients de l'hôtel avant qu'elle ait fini sa distribution. Aussi chercha-t-elle une berceuse rassurante pour rediriger Nora de Groot vers son lit. La plupart des berceuses lui donnaient envie de vomir, mais elle pensa à Bérénice sur le point d'être massacrée et retrouva toute sa détermination. Elle finit par se souvenir de celle qu'Edgar chantait à Animal quand ils étaient plus jeunes. Elle l'entama doucement en pilotant Nora de Groot vers le fond du couloir.

Fais dodo, Bébé, mon p'tit frère
Fais dodo, cet arbre n'est pas si haut
Je t'attends en bas
Peut-être que tu tomberas pas
Fais dodo, Bébé, mon p'tit frère
C'est pas sûr que tu t'écrases par terre.

Et, à la dernière note de la berceuse, Ellen poussa la somnambule dans sa chambre.

Au même moment, à l'autre bout de la ville, Edgar glissait la clef à molette de Heimertz dans sa besace et contemplait son œuvre au musée de Cire.

Il jeta un dernier regard aux personnages immobiles.

— Tu devrais peut-être enlever ta veste ? dit-il à l'un d'eux. Il va bientôt faire un peu chaud là-dedans !

Puis il sortit pour retrouver sa sœur dans le parc.

— Tout est prêt au musée ! Pas de problème à l'hôtel ? Eh ! Ellen ?

Elle fixait l'autre côté de la rue.

— Regarde ça, Petit Frère !

Une solide grille métallique encerclait maintenant l'échafaudage de l'hôtel de ville pourtant déjà clos de panneaux de bois.

— Il faut qu'on sache ce que Knightleigh a prévu pour son festival ! s'exclama Edgar.

Les jumeaux rôdèrent autour de la barricade. L'escalader ? Hors de question ! C'était beaucoup trop haut et les hommes de Knightleigh avaient graissé la clôture pour décourager les curieux.

— Si seulement nous avions une catapulte, se lamenta Edgar.

— Oh oui ! On pourrait te balancer par-dessus la barricade ! ricana Ellen.

Ils examinèrent de près la seule porte de la clôture, un panneau en acier massif à trois verrous et neuf cadenas.

— Je n'aurai jamais assez de clés dans ma besace pour ouvrir tous ces verrous, ronchonna Edgar.

— Mais comment allons-nous rentrer ? dit Ellen. Le soleil va bientôt se lever et il nous reste beaucoup de choses à faire !

Son jumeau fit craquer ses articulations.

— On va creuser un tunnel, trancha-t-il.

Ils trouvèrent un coin de terre assez meuble à l'arrière du site. Ellen n'avait pas encore commencé de gratter le sol qu'un aboiement surprit les jumeaux.

— Tu crois que le maire a prévu des chiens de garde ? s'inquiéta Edgar.

Avant qu'Ellen ait le temps de répondre, un berger poilu bondit devant les jumeaux.

— Dudley ! Reviens ici ! Où es-tu ?

Une femme suivait le chien. Les jumeaux reconnurent Nancy Weedle, journaliste à la *Gazette de Nod's Limbs.*

— Qu'est-ce que vous faites dehors à une heure pareille, les enfants ? demanda-t-elle. Et avec une pelle ? Vous creusez dans la zone « top secret » de notre cher maire ?

— Réparation des égouts, m'dame ! répondit Ellen. Mais c'est fini, on remballe.

Les jumeaux rassemblèrent à la hâte leur matériel.

— Bonne promenade, m'dame ! lança Ellen. Chouette chien que vous avez là !

Et ils s'éloignèrent, laissant Nancy Weedle interloquée. Le chien grognait toujours.

— On remballe, on remballe ! grommela Edgar. Mais je veux voir ce qu'il y a derrière ce truc, moi !

— Creuser un tunnel nous prendrait toute la nuit ! rétorqua sa sœur. Viens ! Retournons travailler…

Les jumeaux quittèrent la place et longèrent la Rapid River. Ses sept ponts couverts scintillaient sous la lune. D'ici, ils pouvaient lire le message dont un mot était écrit sur chacun des ponts : AMI, BIENVENUE À NOD'S LIMBS ! RESTE DONC UN MOMENT !

— Aaaah… ironisa Ellen en s'armant d'une brosse. Il restera peut-être mais il ne reviendra sûrement pas !

Les jumeaux escaladèrent le premier toit et se mirent au travail. Quelques heures plus tard, après avoir visité les sept ponts et tous les endroits prévus, leur œuvre était enfin achevée. Aux premiers rayons du soleil, bien que fatigués, ils coururent jusque chez eux en secouant le sable de leurs pyjamas usés.

14. Tôt levés

À huit heures et demie, ce matin-là, les VIP étaient rassemblés devant l'entrée du Motel Hôtel.

— À quoi joue ce John Knightleigh ? s'écria Blake Glide en agitant nerveusement la note manuscrite déposée par Ellen. Nous faire lever *une demi-heure plus tôt* que prévu ! Sur un plateau de cinéma, personne n'oserait me réveiller avant dix heures du matin !

— Avez-vous senti les énergies négatives de ces chambres ? demanda Nils de Groot. Nous avons dû installer notre carillon éolien pour rétablir des flux positifs.

— Je n'ai rien remarqué, grogna Alexandra Sai. Mais ça expliquerait les tintements qui m'ont empêchée de dormir !

Elle parcourait, l'œil dédaigneux, le papier peint décollé du hall.

— Où est mon expresso ? lança-t-elle d'un ton cassant.

Elle n'avait aucune patience avant son café du matin. Et guère plus ensuite.

Seule Mary Feemore semblait s'être éveillée en pleine forme.

— J'adore le petit matin ! s'exclama-t-elle.

Alexandra Sai la récompensa d'un regard noir. Et brusquement les portes d'entrée s'ouvrirent.

Ellen entra. Coiffée d'un chapeau noir et munie du badge indiquant « Guide », elle tenait un livre d'une main et un bâton de l'autre. Un bâton qui ressemblait plutôt à un balai miteux et qui était en réalité Animal attaché à l'extrémité d'un vieux râteau. Edgar suivait, muni de sa besace.

— Par ici, tout le monde ! brailla Ellen.

Le groupe endormi réagit avec lenteur, ce qui obligea Ellen à utiliser le sifflet qui pendait à son cou. Elle réussit immédiatement à attirer leur attention.

— Bon, je vous explique ! commença-t-elle. Pour

cette visite, je serai votre guide officiel et voici mon assistant…

Elle désigna Edgar.

— Il veillera à votre sécurité car nous aimerions éviter que quelqu'un ne soit accidenté…

— Salut ! dit Edgar.

— Comment ça, *accidenté* ? s'exclama Alexandra Sai. Cette ville ne paraît pas dangereuse !

—Vous risquez d'être surprise, répliqua Edgar.

— Chéri, ce petit n'a rien d'un garde du corps, chuchota Nora de Groot à son mari.

— Et c'est quoi, ce balai à franges ? demanda Blake Glide.

— Dans la foule, il vous servira de point de repère, vous pourrez me voir de loin, répondit Ellen. Mais attention… restez groupés !

— Qu'est-ce que c'est que ce truc jaune tout en haut ? s'inquiéta Mary Feemore.

— Un œil, indiqua Ellen, pour mieux vous voir dans la foule !

Mary Feemore frissonna.

— Répugnant ! trancha Alexandra Sai.

— Nous avons un programme chargé ! Alors si vous voulez bien arrêter de me faire perdre mon temps, on pourrait peut-être y aller !

Ellen siffla de nouveau.

— Allez, on se bouge !

Les participants formèrent un semblant de rang et suivirent leur guide.

— Mais où est notre car ? s'étonna Nora de Groot.

— Pas de car aujourd'hui ! dit Ellen.

— Mais… c'est très ennuyeux, gémit Nils de Groot. Mes mocassins italiens fabriqués sur mesure ne sont pas du tout adaptés à la marche !

— Vous comprendrez bientôt que Nod's Limbs doit se découvrir à pied ! expliqua Ellen. En car, certains détails pourraient vous échapper. Des petits détails qui devraient vous plaire…

— Je ne vais jamais à pied nulle part ! protesta Blake Glide.

— Franchement, soupira Alexandra Sai, je ne sais pas ce que je déteste le plus. La visite des petites villes ou les visiteurs de petites villes ! Bon, si on y allait ?

Les jumeaux menèrent ainsi toute la troupe sur l'avenue de Copenhague. Pour s'encourager, ils se fredonnaient une petite chanson réconfortante.

Ça y est ! Ça y est ! C'est parti !
Pour une visite de folie.
On les trimballe, les invités
Vont pas regretter, les VIP
On va les trimballer
Jusqu'à les faire craquer.
Pauvres petits visiteurs
Savent pas qu'on est des saboteurs !
Pas près de les voir rappliquer
Dans cette ville de déjantés !

15. Trop tard

Moins d'une demi-heure plus tard, Stéphanie Knightleigh faisait irruption dans le hall du Motel

Hôtel. Désert ! Ils ne faisaient quand même pas tous la grasse matinée ?

— Ah, ces gens célèbres ! marmonna-t-elle. Peut-être que les Elines sauront où ils sont.

Les Elines était le couple de personnes assez âgées qui dirigeait le Motel Hôtel. Stéphanie les trouva assis sous la véranda.

— Où sont les touristes pour la visite ? demanda-t-elle.

— Ben, avec leurs guides, bien sûr ! répondit Mme Elines d'une voix chevrotante. Puis-je vous offrir un thé, mademoiselle ?

— Quels guides ? C'est moi, le guide ! Vous voyez mon badge ?

Effectivement, celui-ci indiquait clairement : « GUIDE HISTORIQUE OFFICIEL ».

— On aurait dit deux petits diablotins jumeaux, mademoiselle, expliqua Mme Elines. En pyjamas rayés !

— QUOI ? cria Stéphanie, et les Elines sursautèrent. Vous voulez dire que ces deux-là m'ont volé mes touristes ?

Son visage tourna au rouge fraise.

— Cette massacreuse de poupée a décidé de gâcher ma vie !

— La fille avait un balai à franges avec elle, se souvint Mme Elines. Mademoiselle, vous ne voulez vraiment pas une camomille pour vous calmer ?

— Ils vont me le payer ! hurla Stéphanie.

Elle battit l'air de ses poings avant de se précipiter sur l'avenue de Copenhague.

— Quelle étrange jeune fille ! remarqua Mme Elines.

— Mmm… répondit son mari.

16. À la plage

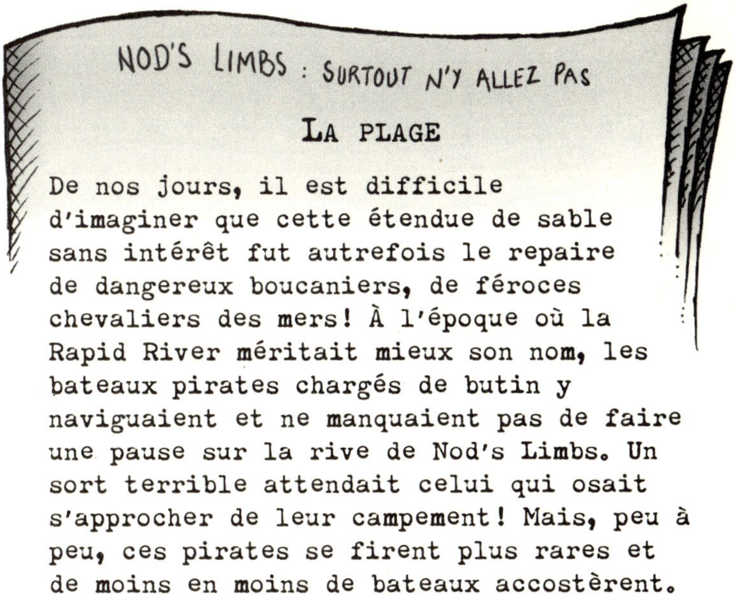

NOD'S LIMBS : SURTOUT N'Y ALLEZ PAS

LA PLAGE

De nos jours, il est difficile d'imaginer que cette étendue de sable sans intérêt fut autrefois le repaire de dangereux boucaniers, de féroces chevaliers des mers ! À l'époque où la Rapid River méritait mieux son nom, les bateaux pirates chargés de butin y naviguaient et ne manquaient pas de faire une pause sur la rive de Nod's Limbs. Un sort terrible attendait celui qui osait s'approcher de leur campement ! Mais, peu à peu, ces pirates se firent plus rares et de moins en moins de bateaux accostèrent.

Pour quelle raison ont-ils disparu ? Personne ne le sait, mais la légende parle de l'existence d'un monstre. Elle dit aussi que si vous posez votre oreille sur le sable, vous entendrez les cris de peur des derniers pirates…

La plage de Nod's Limbs n'avait rien de celles des stations balnéaires. Elle avait été créée par hasard après un accident de charrette, qui avait déversé là son chargement de sable. Le maire de l'époque, séduit par l'idée d'une plage à Nod's Limbs, en avait alors fait répandre davantage. Depuis, les habitants appréciaient d'y faire des châteaux de sable et d'y prendre le soleil. Seule la baignade posait problème, car la Rapid River était presque à sec.

Mais ce matin-là, personne, pas le moindre château de sable.

Les visiteurs approchaient. Nora de Groot se tourna vers son mari et lui dit :

— Tu le sens, chéri ? Ce dont cet endroit a besoin, c'est d'une maison aux murs de sable, maintenue par une structure hexagonale en plastique thermoformé… rouge, je pense !

— Ça ne risquerait pas de s'éroder avec la pluie ? demanda Mary Feemore.

— Justement, tout est là ! s'écria Nora de Groot. Le

sable disparaît, la structure reste ! C'est une représentation du temps qui passe !

— Ne te fâche pas, mon amour, lui souffla son mari. Tout le monde ne peut pas comprendre ton génie.

Et ils échangèrent un regard langoureux.

Ellen fit stopper le groupe et siffla.

— Bienvenue à la plage de Nod's Limbs ! dit-elle. Au XIXe siècle, les pirates l'utilisaient comme camp de base entre deux pillages ! Faites attention où vous marchez…

Elle braqua Animal, dont l'œil unique était couvert d'un bandeau de cuir, vers une pancarte de bois qui disait : « Attention monstre ! Entrez à vos risques et périls ! »

Au pied de la pancarte traînait un chapeau de soleil qui avait dû être piétiné.

— Oh ! fit Ellen. Une nouvelle victime… Paix à son âme !

— C'est une blague ou quoi ? protesta Alexandra.

— La légende parle d'une mystérieuse créature qui erre dans ces sables mouvants, expliqua Ellen. Un monstre sans membres, un peu comme un serpent, qui rôde sur la rive à la recherche d'humains pour son repas.

— Qu'est-ce que c'est que cette légende de péquenots ? s'impatienta Alexandra Sai.

ATTENTION
MONSTRE
ENTREZ À VOS
RISQUES ET PÉRILS

— On devrait peut-être appeler des secours ? s'affola Mary Feemore.

Ellen soupira.

— Oh, non… il n'y a plus d'urgence ! La victime nous a certainement quittés depuis longtemps, *longtemps*…

Un silence de stupéfaction s'abattit sur le groupe.

— Où est votre assistant ? demanda soudain Mary Feemore en cherchant Edgar des yeux.

— Le monstre a dû l'avoir ! s'étrangla Blake Glide.

— C'est possible, fit Ellen. Je l'ai envoyé en éclaireur explorer la rive. Être dévoré par le monstre vous aurait gâché la visite !

Les touristes se demandaient comment interpréter l'information.

— Ne vous inquiétez pas, madame Sai, dit finalement Blake Glide. J'ai déjà combattu un monstre épouvantable dans mon film *La Vallée de la mort* ! Je saurai me battre avec celui-là !

Il prit une pose dramatique.

— J'en doute, le contredit Ellen, il n'a laissé aucun survivant à ce jour ! D'ailleurs, les pirates qui naviguaient dans ces eaux ne jetaient pas leurs prisonniers dans la rivière, mais dans le repaire de sable de la créature ! C'était une mort bien plus horrible ! La légende raconte que, si vous écoutez attentivement, vous pouvez encore entendre leurs cris…

Le groupe fit silence mais ne perçut que le murmure de la rivière.

C'est alors qu'un faible gémissement monta de la rive.

— *Aidez-moiiii... sauvez-moi... Je ne veux pas mouriiiiir...*

— Qu'est-ce que c'est? paniqua Blake Glide.

Son regard allait d'Ellen au bord de l'eau, puis de l'eau à Ellen.

— Les âmes perdues, les victimes de la *bête*, commenta simplement Ellen.

— Je... je... Je n'y crois pas! cria Blake Glide en faisant pourtant un pas en arrière.

Alexandra Sai se tourna vers Ellen.

— Si cet endroit est dangereux, dit-elle, pourquoi personne n'a attrapé ce monstre et comblé les sables mouvants?

— Parce que les parents y tiennent pour effrayer les enfants désobéissants!

Au même moment, les gémissements reprirent.

— *Maman... Où es-tu, Maman? Maman?*

— C'est affreux! s'exclama Nora de Groot. Il n'est pas question de construire une maison de plage ici! L'équilibre karmique est *épouvantablement* perturbé!

Mary Feemore griffonna nerveusement sur son bloc-notes et Alexandra Sai avança avec précaution sur le sable.

— D'où vient cette voix ? demanda-t-elle.

— *Aïïïïeeeeeeee !*

Le hurlement perçant déchira l'air et se répercuta sur les rochers qui longeaient la rive. Alexandra Sai se couvrit les oreilles et recula de quelques pas.

— J'insiste pour que nous quittions ces lieux sur-le-champ ! cria Nils de Groot en s'éloignant déjà.

— C'est vrai qu'on n'a aucune raison de traîner là, souligna Blake Glide.

Il partit si vite qu'il percuta l'architecte.

— Nous avons effectivement beaucoup d'autres choses à voir, conclut Ellen. Allons-y !

Et elle reprit l'avenue de Copenhague. Alexandra Sai jeta un dernier regard à la plage et suivit le groupe qui battait en retraite.

17. Pas assez rapide

Tandis qu'Ellen conduisait ses touristes, Edgar quitta sa cachette derrière les rochers. Il tenait d'une main une boîte de conserve vide et de l'autre un tuyau d'arrosage. Il tira dessus jusqu'au milieu de la plage où il déterra la deuxième boîte. Quand l'interphone fut rangé dans sa besace, il fit pivoter une pancarte et retourna se cacher.

Bientôt, c'est une Stéphanie très essoufflée qui arriva en courant. Elle ne trouva rien d'autre sur le sable qu'un vieux chapeau de soleil et une pancarte de bois qui disait : « Défense d'entrer ! Pour la séance-photo des VIP, suivez la flèche ! »

— Une séance-photo avec les VIP ! s'écria-t-elle. Mais on ne m'a rien dit ! C'est ma visite ! Je dois absolument être sur les photos !

Et elle se rua dans la direction indiquée par cette flèche tracée à la main.

— Aaaah ! soupira Edgar. Berner Stéphanie, c'est encore plus facile que de capturer Animal.

Et il se dépêcha pour rattraper Ellen et son groupe.

À la poursuite de ses touristes, Stéphanie déboula bientôt sur la place de l'hôtel de ville où l'activité demeurait intense derrière l'énorme échafaudage. Tout autour, une foule de curieux faisaient des hypothèses.

— Je parie que c'est un mur d'escalade ! dit quelqu'un. Mon petit-fils sera enchanté !

Quand le maire sortit de la zone top secret accompagné d'un ouvrier, il aperçut sa fille.

— Stéphanie ! s'exclama-t-il. Qu'est-ce que tu fais là ?

Il l'attira vite à part pour lui murmurer :

— Où sont les invités ?

— Oui… mes invités… je sais… bégaya Stéphanie, ils… ils…

— Jeune demoiselle, ai-je besoin de te rappeler combien ce jour est crucial ? Notre avenir dépend de ces VIP ! Et d'Alexandra Sai en particulier. Nous en avons besoin pour attirer des milliers de touristes !

— Je sais, Papa ! Je contrôle tout ! J'ai juste… euh… voulu venir te dire que tout se passait bien. Aucune raison de s'inquiéter ! Alors je vais retourner tout de suite m'occuper de nos invités.

— Bien, ma fille, dit le maire. Et garde à l'esprit que tu es une Knightleigh. Ce nom sera mondialement connu quand nous aurons construit le Grand Hôtel Knightleigh ! Quand ta mère reviendra la semaine prochaine de son voyage d'affaires, elle sera heureuse d'apprendre que tu as contribué au renom de notre chère famille ! Va, je ne veux pas te revoir avant le défilé !

Il rejoignit le chantier et Stéphanie repartit en maugréant.

18. Invasion extraterrestre

Le long de l'avenue de Copenhague, les habitants sortaient de leurs maisons pour saluer les célébrités. Blake Glide souriait en faisant de grands gestes.

— Ces gens sont charmants ! s'écria-t-il. Ce sera un

plaisir de jouer pour eux. Dans mon théâtre, je donnerai une représentation chaque soir et même deux le dimanche !

Une fille quitta son jardin au pas de course pour s'approcher du groupe, mais elle s'arrêta soudain quand elle constata qui les guidait.

— Qu'est-ce que vous faites là, tous les deux ? Je croyais que c'était Stéphanie, le guide ? s'étonna Annie Krump.

— Pas d'autographe maintenant ! lui répondit Edgar. Dégage !

Et Ellen lui brandit sous le nez son Animal-bâton.

— Hiiiiiiii !

La fille couina et rentra dans sa maison encore plus vite qu'elle n'en était sortie.

Bientôt, les célébrités s'arrêtèrent devant une banderole : « LA FAMILLE POSHI VOUS SOUHAITE LA BIENVENUE ! » M. Poshi en combinaison de protection intégrale, masque compris, brandissait un gros pulvérisateur de pesticide. Derrière lui, sa haie si patiemment taillée à l'effigie de sa famille ne présentait plus que des corps maigrelets surmontés d'énormes têtes rondes.

— Qui a pu faire une chose pareille ? criait-il, mais le masque assourdissait sa voix et on n'entendait plus qu'un confus :... *fai foze pfareille !*

— À votre droite, dit Ellen en agitant son Animal-bâton, vous verrez la maison de notre famille d'aliens !

— Une famille italienne ! s'écria Nils de Groot. Il y a donc différentes nationalités dans ce pittoresque village, bravo !

— Non ! A-lien ! Extraterrestre, quoi ! corrigea Ellen. Ils viennent de la planète Narshamp ! Enfin, c'est ce qu'ils disent.

En arrière-plan, M. Poshi continuait de brailler sous son masque des propos incompréhensibles.

— La famille Poshi prétend avoir été envoyée ici par son peuple pour préparer les terriens à l'invasion des Narshampiens. Ils font du porte-à-porte pour répandre la parole narshampienne et distribuer des brochures remplies de dessins étranges. Et vous avez devant vous un exemple de cet art narshampien, voyez leur façon de tailler les arbustes ! Attention… cet extraterrestre s'agite… je pense qu'à l'instant où je vous parle, il essaie de contacter sa planète. Cela peut vous sembler du charabia mais c'est du narshampien !

—Vous êtes bien crédule, ma petite ! s'exclama Nils de Groot.

Le sourcil levé, l'architecte dévisageait Ellen.

— Mon enfant, ne me dites pas que vous croyez les boniments de ce pauvre homme ?

— Je suis d'accord ! intervint Mary Feemore. Il y a mieux comme costume d'extraterrestre !

Ellen haussa les épaules.

— Vous avez peut-être raison, admit-elle… mais vous n'avez pas entendu M. Poshi expliquer la prise de possession d'un corps humain par un extraterrestre narshampien !

— Moi, j'ai déjà combattu des extraterrestres dans *Égarés dans l'espace* ! fit Blake Glide. S'ils vous attaquent, madame Sai, je saurai vous en débarrasser !

Alexandra leva les yeux au ciel et se tourna vers Ellen.

— Les voisins n'ont pas peur de vivre à côté de ce fou dangereux ? demanda-t-elle.

— Oh, non ! Maintenant beaucoup s'habillent comme lui et distribuent aussi des brochures.

— Quoi ? s'écria Mary Feemore. Il a réussi à les persuader ?

— Je pense, on dit que le mode de vie narshampien est agréable, reprit Ellen. La plupart d'entre eux sont pacifiques sauf, paraît-il, quand on doute de leur existence. Bon ! Nous devrions avancer, j'ai peur qu'il ne s'énerve davantage…

M. Poshi s'approchait des touristes, cisailles en main.

« Qui a fait ça ? Qui a fait ça à ma famille ? » devenait sous le masque : *Kiaaa kiaaa famiiii !*

— Au secours, Nils ! cria Nora de Groot. Ne le laisse pas poser les mains sur moi !

Tandis que les VIP battaient en retraite devant l'élagueur fou, une autre personne en colère déboula dans le jardin des Poshi.

— Voleuse ! hurla Stéphanie en pointant Ellen du doigt.

— Qu'est-ce qui se passe encore ? cria M. Poshi, ce qui donna à peu près : *Kes Ka Kor ?*

D'un air détaché, Edgar montra à M. Poshi le ruban de soie violette qui se mêlait aux branches coupées.

— Tiens ! On dirait que celui qui a commis ce saccage a oublié quelque chose, dit-il.

M. Poshi se pencha pour ramasser le tissu et son regard se posa sur d'autres rubans tout à fait identiques, ceux qui retenaient les cheveux de Stéphanie.

— *Argggg !* fit-il, porté par la colère.

— C'était donc vous ! lança alors Mme Jackson, la voisine de M. Poshi. Votre père entendra parler de nous, mademoiselle !

Et Stéphanie recula devant son doigt accusateur.

— Je n'ai rien fait, moi ! Je ne sais même pas de quoi vous parlez ! cria-t-elle tandis que les voisins, de plus en plus nombreux, opinaient de la tête.

— *Tss...* Quelle honte, Stéphanie ! gronda Mme Jackson.

— C'est les jumeaux ! essaya de se défendre Stéphanie en cherchant du regard Edgar et Ellen.

Mais ils s'éloignaient déjà avec leurs VIP, pressés de fuir l'affrontement.

Peu à peu, M. Poshi et ses voisins encerclèrent Stéphanie et l'empêchèrent de suivre le groupe de visiteurs. Leur preuve flagrante en main, ils n'avaient aucunement l'intention de laisser échapper l'auteur de ce forfait.

19. Insectes

NOD'S LIMBS : SURTOUT N'Y ALLEZ PAS

LE CENTRE-VILLE

Envie de vous offrir un petit cadeau ? Un souvenir ? Rendez-vous au centre-ville mais, touristes, soyez prudents ! Les descendants des pirates de la Rapid River sont devenus commerçants. Ils vous accueilleront, vous et votre porte-monnaie, les bras ouverts et les doigts avides. Alors si votre repas au restaurant vous semble si cher que vous ne pouvez pas vous empêcher de crier : « C'est du vol ! », soyez rassurés : c'en est !

Edgar et Ellen firent tourner le groupe en toute hâte dans la rue de Brisbane et remontèrent jusqu'au restaurant de M. Barbarino.

— Bienvenue, bienvenue ! s'exclama le propriétaire. Entrez et goûtez la spécialité du jour de Barbarino !

Il portait un tablier à carreaux rouges et blancs et tenait un plateau chargé de sandwiches. Tous se rassemblèrent autour de lui (le changement de programme ne leur avait pas laissé le temps de prendre leur petit-déjeuner).

— Pardonnez-moi, monsieur Barbarino, mais je pense que nos invités apprécieraient du café... Ce garçon vous aidera à apporter les plateaux, précisa Ellen en désignant Edgar. Et d'autres sandwiches ne seraient pas de trop pour nos amis affamés !

— Bien sûr ! répondit M. Barbarino. Tout ce que nos hôtes désirent !

— Je vais chercher tout ça en cuisine, proposa Edgar, et il entra dans le restaurant.

M. Barbarino attira Ellen à l'écart pour lui dire discrètement un mot.

— Où est la fille de monsieur le maire ? Je croyais qu'elle devait mener la visite ?

— Oooh ! gémit Ellen. Elle a été attaquée ce matin même par des chiens sauvages ! Pauvre Stéphanie...

On la soigne chez elle. C'est une chance que nous ayons pu prendre le relais au dernier moment.

— Des chiens sauvages ! Vraiment ? s'exclama M. Barbarino. C'est incroyable !

Se retournant vers ses hôtes, il leur recommanda de garder un peu de place pour le festival du Pain français de l'après-midi.

— Ma dernière recette est inscrite au concours ! précisa-t-il.

Edgar réapparut avec un plateau et offrit un sandwich à chacun des touristes. Tous avalèrent goulûment leur collation. Du haut de son bâton, Animal fixait la nourriture de son œil jaune.

— Saveurs subtiles ! Intéressantes ! s'enthousiasma Nora de Groot. Il me faut cette recette pour notre nutritionniste !

— Oui ! Un rien d'épices au parfum de Méditerranée ! acquiesça Nils de Groot qui se tamponnait les lèvres avec une serviette. Quel délice, c'est si exotique !

Nora de Groot acquiesça :

— Il est essentiel de tester la cuisine locale. Les traditions populaires participent au paysage conceptuel ! D'où crois-tu que me soit venue l'inspiration de ces boutiques en forme de cornichon de Cleveland ? Des cornichons de l'Ohio !

Ellen ajouta que M. Barbarino était réputé pour n'employer que les ingrédients les plus frais.

—Vous êtes bien gentille de le préciser, répondit-il, puis il s'adressa aux VIP : Cela m'a fait plaisir de servir des personnalités aussi importantes ! Je cours vous chercher du café.

Et il entra dans le restaurant.

— Je me demande ce qui rend ces sandwiches si délicatement croquants ? dit Mary Feemore.

Elle examina le sien et vit un petit cafard en sortir. Celui-ci grimpa sur sa main, son poignet, puis son bras... immédiatement suivi par une armée de fourmis.

—*Aaaaaah*...

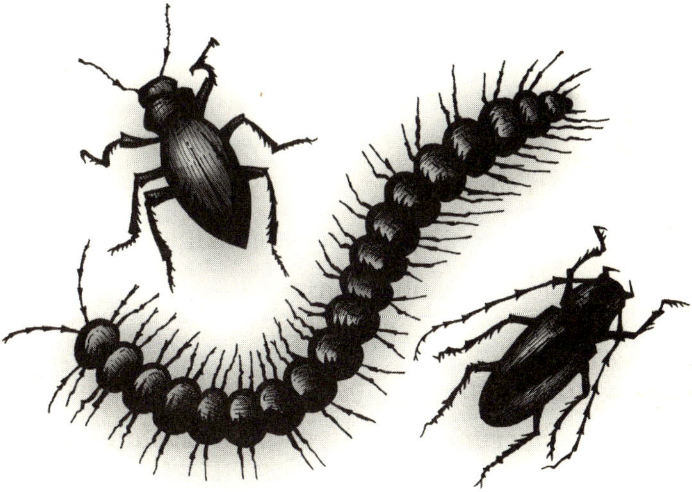

— Qu'est-ce qui ne va pas ? lui demanda Alexandra Sai.

— *Aaaaaah !* hurla encore Mary Feemore.

Elle se secoua frénétiquement et expédia cafard et fourmis sur sa collègue journaliste.

—Vous êtes folle ? cria Alexandra Sai en essayant de chasser les insectes de son chemisier.

Alors seulement elle remarqua ceux qui s'échappaient de son propre sandwich.

— *Aaaaaah !*

Aussitôt tous les autres invités se joignirent au concert : cafards et fourmis s'extirpaient en rampant de leur nourriture et ils crachèrent avec le plus grand dégoût ce qu'ils mangeaient avec délectation quelques secondes auparavant. Blake Glide se mit à trembler, Nora de Groot à frotter sa langue frénétiquement.

Quand M. Barbarino réapparut avec le café, il s'étonna de voir détaler ses invités.

— Attendez ! Attendez ! Vous oubliez votre café !

— On n'en veut pas de votre café, pauvre malade ! rétorqua Alexandra Sai.

Les VIP s'enfuirent et entrèrent dans le parc qui jouxtait le centre-ville, un endroit agréable où les habitants venaient se reposer entre deux courses et admirer la vue sur la rivière. Les rives étaient bordées d'un jardin élégant et d'une fontaine que Mary Feemore, saisie de haut-le-cœur, fut la première à repérer. Tous firent la queue pour se rincer la bouche.

En retrait, les jumeaux attendaient.

— Fantastique, Petit Frère. Les touristes ne viendront pas à Nod's Limbs pour *cette* spécialité locale...

— En livraison directe du piège à pique-nique de Bérénice, Petite Sœur, répondit Edgar. Au menu, mini-sandwiches aux insectes, spécialité du *Cimetière à gadgets !*

Pas de chance qu'ils ne goûtent pas tous nos plats
Aux cafards, punaises et cancrelats !
Mais ils reviendront sûrement pas
Dommage, c'était si amusant
Tous ces sandwiches grouillants, rampants !
On peut déjà leur dire bonsoir
On gardera notre dépotoir.

20. Disparu

Hoquetant toujours, Alexandra Sai s'essuyait la bouche, appuyée contre la fontaine. Elle remarqua une douzaine de pigeons qui descendaient en piqué. Ils se posèrent sur une statue imposante, de l'autre côté du parc.

NOD

— Qui est-ce ? demanda-t-elle d'une voix cassée.

Sur son large socle de pierre, la statue semblait en or massif. Un roi peut-être ? Les touristes étaient bouche bée.

— Voici Nod, expliqua Ellen.

Et elle leur montra la plaque sur le socle : « NOD, fondateur de Nod's Limbs, 1742-... »

— Pourquoi n'y a-t-il pas de date pour sa mort ? demanda Alexandra Sai.

Ellen hésita. Le parc n'était pas prévu dans la visite, elle n'avait donc préparé aucun commentaire à ce sujet et, à la vérité, elle ignorait tout de l'histoire. Alors elle fut bien obligée d'en inventer une.

— Parce qu'il a disparu, répondit-elle. On l'a cherché mais, s'il est mort, personne n'a retrouvé le corps. On dit qu'il hante la Forêt de l'Arbre Noir...

— Eh bien, si on le retrouve maintenant, il sera joli à voir ! ricana Alexandra Sai. C'était aussi un alien ?

Les VIP rirent nerveusement. Ellen se contenta de sourire et de siffler, à faire grimacer Alexandra Sai.

— Allez ! On arrête de lambiner ! Le musée nous attend !

Et ils quittèrent le parc. Ellen crut voir au loin une ombre violette passer devant l'entrée principale.

21. Sale belette !

Après avoir échappé à la colère de M. Poshi et de ses voisins, Stéphanie courut chez M. Barbarino. Quand le restaurateur bouleversé lui annonça que les célébrités étaient parties, elle se précipita au musée de Cire, prochain arrêt de la visite. Mais elle n'y trouva personne. Ni VIP ni visiteurs.

Elle s'assit devant l'entrée pour attendre.

Mais Stéphanie n'était pas seule.

Edgar s'était dépêché pour arriver avant les visiteurs. D'une fenêtre du premier étage, il avait vu Stéphanie grimper la colline qui menait à l'entrée du musée.

— Tiens, tiens… un peu en avance sur l'horaire ! murmura-t-il.

Il prit une corde dans sa besace et passa l'une des extrémités autour d'une poutre. Puis il ouvrit la fenêtre et passa la tête.

— Hé, Stéphanie ! Il paraît que tu cherches des gens partout depuis ce matin ?

Et il rentra aussitôt.

— Espèce de sale belette ! gronda Stéphanie.

Pour le poursuivre à l'intérieur, elle abandonna son poste devant la porte. Au moment même où Ellen et les touristes apparaissaient au bas de la colline.

22. Au musée

NOD'S LIMBS : SURTOUT N'Y ALLEZ PAS

MUSÉE DE CIRE

Le bâtiment qui héberge aujourd'hui le musée de Cire de Nod's Limbs a toujours été consacré à l'art de punir! Il a abrité autrefois une prison et un tribunal où étaient jugés petits et grands méfaits. Si, de nos jours, les juges de Nod's Limbs ne plongent plus les coupables dans la cire bouillante pour obtenir leurs aveux, le lieu n'en contient pas moins encore une magnifique collection!

— Je suis impatiente de voir ce musée! s'exclama Mary Feemore. J'ai entendu dire que certaines réalisations sont des plus audacieuses.

— Je m'en fiche, des réalisations audacieuses! répliqua Alexandra Sai. J'apprécierais déjà la visite *normale* d'un musée *normal.*

Le musée de Cire était l'attraction phare de Nod's Limbs. Contrairement à la plupart des musées de cire qui exposent des statues de célébrités ou de personnages historiques, celui de Nod's Limbs y mettait en scène les habitants mêmes de la ville ! Pour à peine dix dollars l'entrée, moitié prix pour les enfants, le visiteur pouvait admirer des reproductions en cire de ce qu'il venait de voir à l'extérieur. Une salle, par exemple, était consacrée à l'école primaire. Mlle Croquet, institutrice, y conduisait souvent ses élèves en sortie éducative pour voir son double en cire dans sa classe d'une vingtaine d'écoliers de cire, tous assis à leur table de cire. Les citoyens qui venaient contempler leur double assuraient ainsi au musée la majeure partie de ses revenus.

— Par ici, ordonna Ellen après un coup de sifflet aigu. Nous n'avons pas toute la journée !

Elle ouvrit les portes et une bouffée d'air chaud accueillit le groupe. Quelque chose clochait.

La première salle était celle des maires, alignés sur deux rangées. Des hommes bien habillés, aux yeux de fouine, tous identiques : que des Knightleigh, de Thaddeus au maire actuel. Mais là, les habituelles répliques de gentlemen distingués d'une époque révolue s'étaient transformées en formes vaguement humaines plutôt mousseuses. Les visages avaient fondu, les yeux de verre étaient devenus difficiles à distinguer dans le magma dégoulinant.

Aidé de la clef à molette de Heimertz, Edgar avait poussé la chaudière à fond. Les hommes de cire ressemblaient donc à des bougies ramollies après un long dîner aux chandelles.

— Enfin un musée d'art contemporain ! soupira d'aise Nils de Groot. Enfin !

— Oui, dit Nora de Groot, mais je n'ai jamais rien vu de semblable... C'est plutôt provocant et même *troublant !*

— Voici Thaddeus Knightleigh, expliqua Ellen, premier maire de Nod's Limbs !

Elle brandit son livre ouvert. Juste sous la description de Thaddeus, elle avait collé une image de *La Créature du lagon noir* sortant de la vase, décalquée avec soin dans le *Guide sanglant des films d'horreur.* Tout le monde se pressa autour d'elle pour mieux voir.

— Je n'imaginais pas cela en acceptant ce projet ! Je ne pensais pas que Nod's Limbs avait une population si... *euh*, spéciale, dit Nils de Groot.

— Spéciale, c'est juste, confirma Ellen. Nos concitoyens ont subi de grands désordres génétiques.

Puis ils entrèrent dans la salle de classe de l'école primaire : les globes oculaires de Mlle Croquet lui pendaient du nez et ses élèves semblaient sortis d'un miroir déformant.

— C'est l'une des enseignantes les plus appréciées de Nod's Limbs !

— Que lui est-il arrivé ? demanda Mary Feemore.

— Personne ne sait exactement, chuchota Ellen,

mais il y a des rumeurs. On dit que, dans sa jeunesse, Mlle Croquet était une brillante scientifique experte en maladies tropicales. On dit aussi qu'elle aurait obtenu le prix Nobel si l'une de ses expériences ne s'était pas horriblement mal passée.

— Comment ça, *mal passée*? demanda Alexandra Sai.

— Mlle Croquet aurait créé la souche d'une nouvelle maladie, répondit Ellen. Et elle se la serait inoculée. Cela a créé un désordre cutané... contagieux. L'expérience l'a laissée mentalement instable et elle essaie en vain de trouver une formule pour se guérir. Comme vous pouvez le voir, ses élèves l'aident dans sa recherche...

— Quoi? Vous voulez dire qu'elle fait ses expériences sur... sur... ses élèves? blêmit Mary Feemore.

— Non, non... mais il faut reconnaître qu'avant d'aller dans sa classe, ces enfants ne ressemblaient pas à... ça, répondit Ellen. Bah! Après tout, c'est un privilège d'avoir une maîtresse pressentie pour le Nobel!

23. Dans les profondeurs

Pendant ce temps, au premier étage, Stéphanie entrait dans la galerie dite de la «piscine municipale».

En temps normal, les citoyens de cire prenaient des bains de soleil ou s'ébattaient dans l'eau (de cire). Mais là, tout avait fondu, même le plongeoir. Stéphanie baissa les yeux devant ce spectacle désolant. Si elle les avait levés, elle aurait vu Edgar perché sur une poutre.

Il empoigna sa corde et plongea droit sur elle.

— DANS LES PROFONDEURS !

Ne lui laissant aucune chance d'esquiver l'attaque, Edgar envoya Stéphanie la tête la première dans la piscine. Attirées par ses cris, les célébrités grimpèrent en courant l'escalier. Edgar lâcha sa corde et les attendit sagement.

— Alors, cette visite ? Vous l'appréciez ? leur demanda-t-il avec la plus grande innocence.

Un gargouillement monta de la piscine. Entièrement recouverte de cire bleue, Stéphanie émergeait et tentait de barboter jusqu'à une échelle.

— Mon Dieu ! Qu'est-ce que c'est que cette chose ? cria Blake Glide.

Il recula et trébucha sur Alexandra Sai.

— On se calme ! dit Ellen. Ce n'est que… Prunella Minablis, une ancienne élève de Mlle Croquet. Elle est devenue guide ici et accompagne les visiteurs *dans les profondeurs* de la collection ! Regardez comme elle aime son métier ! N'est-ce pas, Prunella ?

Stéphanie gesticula. Elle essayait de parler mais la cire soudait ses lèvres.

— Un problème, Prunella ? On a de la cire dans les oreilles ? ricana Edgar.

— Empêchez-la de m'approcher ! s'écria Blake Glide qui avait reculé jusqu'au mur. J'ais pris une assurance sur ma peau, mais le tournage d'*Incroyablement beau* commence la semaine prochaine !

— Alors, allons-nous-en, dit Ellen. Je ne sais pas si elle est contagieuse ou pas, mais partons par précaution !

Personne ne remarqua qu'Edgar s'éclipsait. Il prit un raccourci vers la prochaine étape.

Les touristes n'eurent pas besoin d'encouragements pour descendre l'escalier et sortir précipitamment du bâtiment.

24. L'œuvre d'une vie

Stéphanie réussit néanmoins à atteindre l'échelle et à sortir de la piscine. Avec beaucoup de difficultés, elle se dirigea vers la salle de classe de Mlle Croquet. On pouvait la suivre à la trace.

Elle grogna en voyant son reflet dans une vitre : elle n'avait pas meilleure allure que la maîtresse.

— C'est terrible… terrible… que s'est-il passé ? Mademoiselle Knightleigh ! Mais c'est vous ?

Malgré l'épaisse couche de cire bleue, le directeur du musée, effondré contre une porte, venait de la reconnaître.

— Qu'avez-vous fait, Stéphanie ? J'ai passé des décennies à entretenir cette collection et maintenant... Oh, c'est si cruel ! Tous ces chefs-d'œuvre détruits en un seul jour ! Et par la seule méchanceté d'une enfant !

Il s'agenouilla devant Mlle Croquet toute fondue.

— Combien de fois l'ai-je époussetée avec précaution !

Soudain, il se releva et fit face à Stéphanie.

— Ce musée n'existait que pour son public ! Vous vous êtes autorisée à le détruire parce que vous êtes une *Knightleigh* ? Est-ce que cela vous amuse ? J'ai vu ce que vous avez fait de la haie des Poshi !

Stéphanie avait suffisamment gratté la cire de ses lèvres pour pouvoir murmurer :

— Ce n'est pas moi ! Ce sont ces jumeaux en pyjamas répugnants ! Ils m'ont volé mon groupe pour la visite !

— Ne rejetez pas la faute sur les autres ! Il n'y a que vous ici ! Et vous allez m'aider à nettoyer tout ça !

M. Hirshfeld tendit un seau et une brosse à Stéphanie.

— Au travail !

Les genoux figés dans la cire, Stéphanie renonça à décamper.

25. Qui veut une pomme ?

NOD'S LIMBS : SURTOUT N'Y ALLEZ PAS

LE POMMIER SAUVAGE

Sur l'avenue du Caire, la rue la plus pénible de la ville, il n'y a que le célèbre pommier sauvage à voir.
Le grand-père du maire actuel, qui était tout aussi agaçant que son petit-fils, sauva cet arbre de la destruction lors de la construction des voies de circulation. Depuis toujours, l'épais feuillage de ce pommier procure ombre et abri aux pique-niqueurs et aux criminels en fuite.

Ellen mena le groupe jusqu'à l'avenue du Caire, toujours très encombrée. À quelques centimètres du flot des voitures, elle désigna un arbre noueux qui semblait avoir poussé au milieu de la route. Ce pommier sauvage était l'arbre le plus connu de Nod's Limbs. Nod, le fondateur lui-même, y aurait un jour attaché son cheval. Une trentaine d'années plus tôt, quand le tracé de l'avenue nécessitait d'arracher l'arbre, l'opposition des habitants fut telle que le maire de l'époque décida que les deux voies s'en écarteraient sur une dizaine de mètres pour l'épargner.

Voitures et camions les rasaient à toute vitesse : les touristes reculèrent.

— Écoutez-moi bien, cria Ellen pour couvrir le bruit du trafic, marchez où je marche et sautez où je saute, ainsi vous devriez arriver jusqu'à l'arbre en un seul morceau !

— Vous êtes folle ? Vous avez vu la circulation ! protesta Alexandra Sai.

— Comme vous voulez ! Restez où vous êtes... toute seule... lui répondit Ellen. Prunella va arriver d'une minute à l'autre. Elle vous tiendra compagnie !

Les VIP regardèrent un instant en direction du musée. Personne n'approchait. Pas encore.

— Allons, venez ! reprit Ellen. Sinon vous raterez quelque chose de *très* spécial ! Mais faites attention, soyez prudents. Le personnel de la voirie doit sans cesse relever les corps des malheureux qui ne traversent pas assez vite. Je serais désolée de devoir les appeler pour vous.

Et elle fonça à travers le trafic.

— Est-ce que ces ploucs n'ont jamais entendu parler des feux de signalisation ? grogna Alexandra Sai.

— Aménagement urbain lamentable ! crièrent les de Groot, recroquevillés l'un contre l'autre.

Les touristes suivirent Ellen du mieux qu'ils purent. La plupart des conducteurs klaxonnaient d'abord, puis faisaient un signe de la main en reconnaissant les célébrités qui esquivaient leur véhicule.

— Je vous ai adoré dans *Missile fatal 4* ! cria à Blake Glide le conducteur d'un 4X4.

Blake sourit courageusement en évitant de justesse une mort certaine.

— C'est dingue ! dit Nils de Groot quand il atteignit enfin l'arbre.

— Au moins cela nous met à l'abri de cette pauvre guide du musée ! C'est si triste pour elle, soupira Nora de Groot, en appuyant sa joue contre le pommier. Soyons reconnaissants d'être en bonne santé, remercions la nature !

— Mais pourquoi nous avez-vous amenés ici ? demanda Alexandra Sai. Pour admirer un arbre au milieu de la route ?

Le groupe épuisé ne semblait pas apprécier le vulgaire végétal.

— Comme vous pouvez l'observer, enchaîna Ellen, cet arbre est célèbre !

Et de son Animal-bâton, elle désigna la plaque gravée au pied du tronc :

À NOTRE POMMIER BIEN-AIMÉ

Ici Nod attacha son cheval
et eut la vision de son empire de cire.

— Il en existe d'autres, des arbres célèbres ! dit Blake Glide. Il y a une plaque sur tous les arbres dont je me suis jeté dans *L'Homme Tarzan*. J'ai exécuté les cascades moi-même dans ce film. Voulez-vous grimper, madame Sai ? Je peux vous porter ?

— Non, merci, Monsieur Muscles ! répondit Alexandra Sai, et elle regarda Ellen par-dessus ses lunettes. Petite, je ne suis pas venue jusqu'à Nod's Limbs pour voir un arbre ! Je n'arrive pas à croire que je suis censée écrire un article sur cet asile de fous ! Alors, on peut avancer, s'il vous plaît ? Que je puisse en terminer avec cette journée !

Pendant la tirade d'Alexandra, Mary Feemore leva les yeux vers le feuillage et vit quelque chose bouger dans les branches.

— Mademoiselle… il me semble que quelqu'un se faufile dans l'arbre.

— Probablement un écureuil, répondit Ellen.

— J'aurais juré que c'était à rayures, ajouta Mary Feemore.

— Je sais ce que vous insinuez ! protesta Ellen. Quoi qu'il en soit, je peux vous assurer qu'il ne s'agit pas d'un détenu évadé de la prison de haute sécurité !

— Un détenu évadé ? demanda Blake Glide. Que viendrait-il faire ici ?

Ellen poussa un profond soupir.

— Oui, bon, c'est vrai ! admit-elle. Notre prison

n'est pas des plus sûres... Mais le directeur est un cousin du maire, alors il n'est jamais renvoyé. Il est arrivé que des criminels en fuite se réfugient dans cet arbre parce qu'il permet à la fois de se cacher et de manger.

— Des criminels ? s'écria Nils de Groot.

— Pas de quoi paniquer ! dit Ellen. Nous avons un système de sirènes d'alerte efficace : cela fait presque deux semaines qu'il n'y a pas eu d'évasion.

— Mais les gens ne sont pas furieux d'avoir une prison à peine surveillée à deux pas de chez eux ? s'étonna Nora de Groot.

— Oh, non, c'est distrayant. Et puis nos concitoyens possèdent tous des armes et particulièrement des haches, au cas où...

Au sommet du pommier, Edgar se cramponnait. Il avait sorti de sa besace un long tube d'aspirateur récupéré au *Cimetière à gadgets*. Il étendit le bras au-dessus des branches et commença à faire tournoyer le tuyau jusqu'à ce qu'il vibre et se mette à siffler. Plus le tube prenait de la vitesse, plus le son était strident.

— *La sirène !* cria Blake Glide.

— S'il vous plaît, s'il vous plaît ! Pas d'affolement ! recommanda Ellen.

— Où est notre garde du corps ? s'affola Nils de Groot.

— On ferait peut-être mieux de partir de là,

suggéra Mary Feemore qui écrivait encore, un œil sur son bloc-notes, l'autre sur l'arbre.

Brusquement, la sirène s'arrêta.

— Vous voyez ? Il n'y a rien à craindre, les rassura Ellen. Si un meurtrier était là, il nous aurait déjà attaqués !

C'est alors qu'un monceau de pommes s'abattit sur les touristes.

— Courez ! cria Nora de Groot, et ils décampèrent tous, slalomant sous les klaxons et les crissements de pneus.

— Impossible d'investir dans un repaire de criminels ! s'exclama Blake Glide en évitant une camionnette.

— Dernier arrêt… le beffroi de Nod's Limbs ! ordonnait déjà Ellen.

Et elle siffla.

— Je vous promets que, là-bas, il n'y a aucun prisonnier évadé ! Ils ne se cachent jamais dans le beffroi !

26. Bains de sang

NOD'S LIMBS : SURTOUT N'Y ALLEZ PAS

LE BEFFROI

Dans l'idéal, le beffroi de Nod's Limbs se visite de nuit ou par temps très couvert. Si le soleil ne vient pas gâcher l'ambiance, vous ressentirez mieux l'horreur des exécutions perpétrées ici jadis. Mais même par un clair matin de printemps, ne manquez pas de le visiter, d'admirer cette première construction à étages de la ville et de faire courir vos doigts sur les taches de sang encore visibles là où se dressait la guillotine.

Ellen pressa les touristes de retraverser la rivière, direction : le dernier arrêt de la journée. Partout, les habitants surexcités qui les saluaient accrochaient aux lampadaires des drapeaux et des banderoles.

Nora de Groot fulminait.

— Mademoiselle la guide, j'en ai assez de cette ville ! Que des ondes négatives ! Je vous serais reconnaissante de nous ramener à notre hôtel !

— Oui ! renchérit son mari. Nous faire rencontrer des aliens, nous exposer à des maladies contagieuses, nous faire attaquer sous cet arbre, ça suffit ! Si vous ne nous raccompagnez pas, nous retrouverons notre chemin nous-mêmes !

— Moi aussi ! s'écria Mary Feemore. Ces pommes ont taché mon chemisier. Je veux rentrer !

Ellen fit face à ses invités.

— Quel que soit l'individu qui nous a lancé ces pommes, il peut nous avoir suivis, prévint-elle. Ne soyez pas stupides… Je vous reconduirai sans encombre après notre dernière visite.

Et elle partit vers le beffroi.

Cinq VIP se regardèrent comme pour deviner lequel serait assez intrépide pour retourner seul à l'hôtel.

Et cinq VIP se mirent à trotter pour rattraper leur guide.

Ellen les entendit presser le pas derrière elle et fit tournoyer son Animal-bâton au-dessus de sa tête.

— Cessez d'agiter cette chose… murmura Nils de Groot. Vous attirez l'attention des autochtones !

Ellen fit semblant de ne pas l'entendre.

— Devant vous, dit-elle, le célèbre beffroi de Nod's Limbs ! On y procédait aux exécutions une fois par semaine !

— Aux exécutions ! s'exclama Mary Feemore.

— Oui, continua Ellen. Nod's Limbs était connue

pour son intolérance envers les étrangers. Nombreux sont ceux qui y ont perdu la tête !

Blake Glide caressa sa gorge sans s'en rendre compte.

— Des étrangers… vous voulez dire des prisonniers évadés ? demanda Mary Feemore.

— Non ! Les gens d'ici aiment bien les détenus, car ils participent au charme de leur ville. Ils détestent davantage les visiteurs, par exemple ceux qui se permettraient de critiquer Nod's Limbs…

Ellen marqua un temps d'arrêt, puis haussa les épaules.

— Vous allez maintenant emprunter cet escalier étroit et sombre, sur votre droite ! Vous verrez… la vue y est merveilleuse…

À contrecœur, en file indienne, ils commencèrent à monter les marches. Au même moment, Edgar se postait devant le bâtiment pour faire le guet.

— Nous allons déboucher sur le toit, continua d'expliquer Ellen. Remarquez les traces de sang sur le plancher. Elles vous indiquent l'emplacement exact de la guillotine, avant qu'elle ne déménage à la cave, bien sûr.

De grandes éclaboussures rouges s'étalaient aux pieds des touristes. Comme elles étaient encore humides, elles brillaient légèrement.

— Que de sang! dit Blake Glide. Il y en a encore plus que dans *Missile fatal* 7!

— Mais pourquoi n'ont-ils pas nettoyé? demanda Mary Feemore.

— Eh bien… elles sont considérées ici comme une forme d'art, comme la sculpture sur cire et la taille d'arbuste que vous avez eu le privilège de voir. Les propriétaires des plus belles maisons de Nod's Limbs essaient de les reproduire dans leurs allées.

— Enfin une tradition locale sur laquelle écrire quelque chose, dit Alexandra Sai. Depuis quand ont-ils arrêté d'exécuter les étrangers?

— Qui a dit qu'ils avaient arrêté?

27. Vue

Si l'intérieur était lugubre, la terrasse du beffroi offrait une vue splendide. On voyait les pigeons survoler la voie ferrée jusqu'à l'usine de cire, et on distinguait même le paysage au-delà du théâtre et de la laiterie. Le Florence Boulevard avait été fermé par le maire et son équipe pour le défilé de l'après-midi. De si haut, les VIP ne pouvaient qu'entrevoir la zone top secret où quelque chose de métallique réfléchissait le soleil. Les sept ponts couverts qui enjambaient la

Rapid River constituaient le point fort de la vue, adressant comme toujours leur amical message de bienvenue.

Comme toujours ? Vraiment ?

— Qui a écrit ça ? C'est scandaleux… vulgaire… et révoltant ! s'exclama Mary Feemore.

Les autres membres du groupe opinèrent avec véhémence.

Ellen sourit. Il n'y aurait pas de touristes à Nod's Limbs, ni de Grand Hôtel Knightleigh. Elle faisait déjà redescendre les visiteurs quand Edgar repéra une silhouette qui hâtait le pas vers le beffroi.

Stéphanie Knightleigh avait faussé compagnie à M. Hirshfeld pendant qu'il réglait le thermostat. Edgar remarqua que, depuis son séjour au musée, sa robe autrefois lilas était maintenant bleue, aussi couverte de cire que ses cheveux.

— Nous avons de la compagnie, Petite Sœur, dit-il doucement quand Ellen sortit du beffroi.

— Vite ! Il faut que je les emmène dans la forêt de l'Arbre noir, répondit Ellen. Elle ne nous suivra jamais là-bas.

— Qui oserait ?

28. Marche en forêt

La forêt de l'Arbre noir bordait Nod's Limbs du sud à l'ouest, jusqu'à l'ancienne usine de cire. Elle ressemblait apparemment à n'importe quelle forêt, avec de hauts pins et de gentils cervidés. Mais elle ne s'appelait pas forêt de l'Arbre noir pour rien. Au fur et à mesure que l'on s'enfonçait, le sous-bois devenait plus sombre, plus dense. Les branches au sommet des arbres se mêlaient pour former un toit végétal impénétrable aux rayons du soleil. Même un jour sans nuages, le promeneur n'y voyait pas assez pour savoir où il posait les pieds. Personne n'osait jamais s'y aventurer, de peur de se perdre.

Sauf les jumeaux.

Les années passées dans leur maison aux fenêtres obstruées de lourds rideaux, les ampoules grillées jamais changées les avaient habitués à l'obscurité. Ils exploraient la forêt de temps à autre quand ils en avaient assez de jouer dans la maison ou dans le *Cimetière à gadgets*. C'était là qu'ils trouvaient les meilleurs vers et chenilles à glisser dans le lit de l'autre. Cependant, s'ils avaient arpenté la quasi-totalité du sud de la forêt derrière chez eux, la partie ouest leur était en grande partie inconnue.

— Par ici ! s'exclama Ellen en agitant son Animal-bâton.

L'œil d'Animal brilla davantage quand il comprit où elle les emmenait. Il s'agita sur sa perche.

— Excusez-moi, mais je reconnais cette rue ! l'interrompit Mary Feemore. Nous sommes venus par là à l'aller…

Elle désignait Florence Boulevard mais ne remarqua pas Stéphanie Knightleigh qui marchait vers eux. Ellen si.

— Oui, c'est vrai, mais je voudrais vous faire prendre un charmant raccourci à travers bois. Vous devez être fatigués, répondit Ellen, je désirerais vous ramener à vos chambres le plus vite possible !

Le visage de Blake Glide s'éclaira soudain à cette promesse de confort et de sécurité. Les de Groot devançaient déjà le groupe.

— Oh, oui ! marmonna Nora, la route la plus directe, s'il vous plaît.

Les jumeaux les emmenèrent dans la forêt lugubre.

Moins de trois minutes plus tard, Stéphanie atteignait l'orée du bois. Elle hésita, explora du regard la première tranche de végétation. Puis elle prit une profonde inspiration et s'y engouffra.

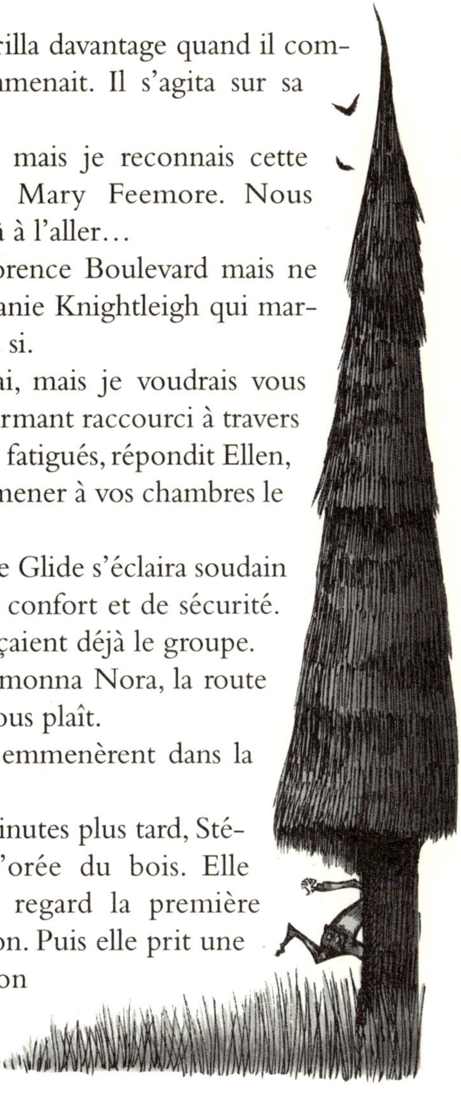

29. Mangeurs d'hommes

— Est-ce que c'est moi qui divague ou est-ce qu'il fait de plus en plus sombre ici ? demanda Blake Glide sans desserrer les dents.

— Ne me dites pas que le grand héros des films d'action a peur du noir, pouffa Alexandra Sai.

— Bien sûr que non ! répondit-il.

Mais il tressaillit. Quelque chose bruissait au-dessus de sa tête.

— Qu'est-ce que c'était ? demanda Mary Feemore, un léger tremblement dans la voix.

— Un grand nombre de variétés animales et végétales insolites se sont développées dans la forêt de l'Arbre noir, expliqua Ellen. C'est pourquoi la ville a décidé d'en faire une réserve naturelle, il y a des années de cela, pour protéger des animaux extrêmement rares comme... le paresseux mangeur d'hommes et la chauve-souris vampire.

— *Des chauves-souris ? Je déteste les chauves-souris !* hurla Blake Glide en se collant contre Alexandra Sai.

— Allons ! rit-elle en le repoussant. C'est peut-être seulement le fantôme de Nod !

— Aaaah... s'écria Blake Glide. Je l'avais oublié, celui-là !

Le groupe avançait à tâtons dans la forêt.

— Qu'est-ce qu'on fait là ? Il n'y a même pas de

sentier, dit Mary Feemore tandis qu'une branche lui fouettait le visage.

— *Chuuut!* Vous allez attirer les chauves-souris! siffla Blake Glide.

— Mes chaussures tombent en lambeaux! gémit Nils de Groot. Il va me falloir un pédicure!

— QUELQUE CHOSE VIENT DE TOUCHER MON PIED! hurla Blake Glide.

Et les autres se figèrent derrière lui.

— Non, ce n'est rien, ce n'est rien... Je me suis juste marché dessus.

Ellen les gronda:

—Voyons! Ce n'est plus un raccourci si on s'arrête tout le temps!

Ellen n'avait pas attaché Animal très solidement à son bâton. Alors, quand elle se retourna de façon un peu trop vive, la force du mouvement le propulsa en avant et le libéra de ses liens. Il s'envola et atterrit sur la tête de la star de cinéma.

— *Hiiiiii!* Le paresseux mangeur d'hommes! IL M'A EU! hurla Blake Glide.

Il arracha Animal de sa tête et le balança le plus loin possible. À quelques mètres derrière le groupe, Edgar plongea pour l'attraper et envoya au passage Alexandra Sai dans un buisson épineux. Les autres s'enfuirent en trébuchant vers la faible lumière en bordure de forêt, sous les cris stridents de Blake Glide.

Alexandra Sai se releva avec peine, un de ses hauts talons avait disparu dans les broussailles.

— Oh, non ! Ma paire préférée ! grogna-t-elle avant de rejoindre le groupe en boitant.

Dommage pour Animal, Edgar parvint à l'attraper avant qu'il ne disparaisse dans la forêt. Ellen serra davantage ses liens en le rattachant au bâton.

— C'est raté, Animal ! dit-elle. Qu'est-ce que tu aurais fait tout seul dans les bois de toute façon ?

Animal cligna de l'œil et sembla se hérisser.

— Eh bien, Petit Frère, s'enquit Ellen, c'est une réussite totale, non ?

— Tout à fait, Petite Sœur, répondit Edgar. Je pense qu'aucun de ces touristes ne fanfaronnera sur sa visite à Nod's Limbs.

— Dommage pour John Knightleigh, dit Ellen.

— Et tant mieux pour nous. Longue vie au *Cimetière à gadgets* !

— Et à Bérénice ! ajouta Ellen.

En quittant la forêt, Edgar et Ellen entamèrent une nouvelle chanson :

Cimetière, tu es sauvé !
Pour nos VIP c'est réglé
Plutôt mourir que revenir
Tous les plans de John Knightleigh
Ne sont plus qu'un souvenir !

Les jumeaux suivaient le groupe à distance, ils se félicitaient mutuellement pour leur beau travail à coups de grandes claques dans le dos. Bientôt, ils pourraient de nouveau se concentrer sur l'opération Coup de fouet.

30. Un sourire dans la nuit

Stéphanie s'enfonçait profondément dans les bois. Une branche basse retint une de ses boucles cireuses, et elle dut s'arrêter un moment pour démêler ses cheveux et resserrer ses rubans.

— Hou, hou, les visiteurs ! appela-t-elle en trébuchant sur une racine. Où êtes-vouuus ? C'est Stéphaniiiie, votre vraie guiiiide !

Des épineux l'accrochaient. Elle n'avait pour compagnie que les bruits de créatures trottinantes et hululantes. Elle atteignit une zone d'arbres vraiment dense, tout était noir.

Soudain, des hurlements et des bruits de course déchirèrent la pénombre. La respiration de Stéphanie se bloqua dans sa gorge. Cela semblait tout proche, mais elle ne vit rien qu'un scintillement dans le lointain.

— C'est vous ? C'est le groupe ? Est-ce que c'est vous ? cria-t-elle encore.

Elle chancela dans la direction de la lueur mais se cogna contre un tronc.

— Ouille !

À tâtons, elle contourna l'arbre : cela scintillait toujours. Cette fois, à quelques centimètres de son visage, elle vit un sourire plein de dents, et comprit que l'arbre n'en était pas un.

— Aaaaaaah !

Elle détala vers la lumière du jour qui pointait au lointain et ne s'arrêta qu'à l'orée de la forêt. Derrière elle, pas d'homme souriant, pas de jumeaux, pas de touristes. Personne. Elle posa la main sur son cœur qui battait à tout rompre. Et respira profondément avant de rejoindre la route.

À quelques mètres, les célébrités encore frissonnantes se retrouvèrent plongées dans une tempête de cuivres et de tambours. Le grand défilé du festival du Pain français venait de commencer.

31. Aux premières loges

Tout le monde aime les défilés, mais les citoyens de Nod's Limbs, eux, les adorent. La popularité du maire était en partie due à sa compétence pour les organiser. Et il en programmait en toute occasion comme le

Jour des vétérans, le Jour des services d'urgence et le Jour du allez donc travailler.

Aussi n'était-il pas surprenant que, cet après-midi-là, John Knightleigh ait envie qu'il soit grandiose. Le défilé du festival du Pain français était magnifique.

La quasi-totalité des commerces de la ville avait financé le char fleuri. *Magoo Fleurs* n'avait jamais eu autant de travail pour exécuter toutes les commandes, et le matin du festival, la boutique était dévalisée.

Le magasin du *Joyeux Fêtard* n'avait plus ni ballon, ni ruban, à vendre depuis que Mlle Croquet avait annoncé l'organisation d'un concours de décoration de vélos et que le maire avait autorisé tous les habitants à prendre part au défilé.

La fanfare du lycée répétait sans relâche dans l'attente de parader devant son public.

Comme Florence Boulevard était fermé aux voitures sur toute sa longueur, les citoyens se massaient sur les trottoirs. Des danseurs déguisés en toasts grillés se tenaient par les bras et descendaient l'artère en rythme. L'orchestre marchait fièrement derrière, puis venaient les porte-drapeaux et le bataillon bondissant des majorettes.

Déguisée en pot de confiture, Annie Krump suivait les majorettes avec son meilleur ami, Miles Knightleigh. Ils étaient très excités d'avoir un rôle si important dans le défilé, même si leurs déguisements étaient un peu encombrants. Juste derrière, roulait au ralenti une décapotable transportant Miss Tartine, la jeune femme qui avait remporté le concours de cuisine. Elle portait une couronne de fourchettes et de couteaux couverte de strass. Arrivaient ensuite les scouts, les équipes d'athlétisme et les collégiens brandissant des pancartes peintes à la main qui proclamaient : « On ♥ Nod's Limbs ! » et : « Ça swingue à Nod's Limbs ! »

Puis de très gros hommes sur de toutes petites motos précédaient les chars fleuris, d'où les plus jeunes et les plus vieux habitants de Nod's Limbs lançaient des pétales de fleurs sur le public. Le char de *Magoo Fleurs* n'était qu'une structure en bois sur roues, surmontée d'une pancarte griffonnée à la hâte qui disait : « *MAGOO FLEURS* REMERCIE LA COMMUNAUTÉ. »

Après les chars, arrivaient les lauréats du concours d'élégance des animaux domestiques. Donald Bogginer portait son chat, Chouncey, gagnant du premier prix, mais que la rencontre avec un python avait laissé pelé. Un policier fermait le cortège avec le drapeau de Nod's Limbs aux couleurs de la ville, jaune souci et noir charbon.

Partout sur Florence Boulevard, des volontaires distribuaient des couverts aux spectateurs.

— Couteaux et fourchettes ! Demandez vos couteaux et fourchettes ! criaient-ils. Vous en aurez bientôt besoin ! Demandez vos couteaux et fourchettes !

Voilà le spectacle qui accueillit les touristes quand ils émergèrent, affolés, de la forêt de l'Arbre noir.

32. Défilé

Quand les habitants aperçurent les célèbres invités, ils poussèrent des hourras et applaudirent encore plus fort. Les joueurs de trompette firent hurler leurs instruments et le son des cuivres couvrit le tout. Les habitants entourèrent les célébrités et les bombardèrent d'aimables questions.

— Vous avez apprécié la visite ?

— Le musée de Cire n'était-il pas ravissant ? On y trouve mon petit Bertie ! Et vous avez vu Mlle Croquet ? Quelle maîtresse adorable, non ?

— Alors, Barbarino a les meilleurs sandwiches de Nod's Limbs, hein ?

— Et la vue du beffroi ? Chouette, n'est-ce pas ?

Les invités se tassaient les uns contre les autres.

Une femme âgée déguisée en bouteille de sirop d'érable cria quelque chose d'incohérent à Blake Glide. Alexandra Sai fut la première à repérer la fourchette dans sa main décharnée.

— Ces malades sont tous armés ! chuchota-t-elle. Tous !

— Où sont nos guides ? Ils nous ont abandonnés ! gémit Nora de Groot. Ramène-moi à la maison, Nils, je veux rentrer !

— Je n'aime pas du tout la manière dont ils agitent leurs couverts, répondit son mari. Pourquoi nous regardent-ils avec cet air-là ?

— Que Dieu nous vienne en aide ! cria Blake Glide. De la viande de touriste fraîche, voilà ce qu'on est ! Ils vont tous nous manger !

Mary Feemore couina et saisit le bras de Blake Glide.

— Regardez ! cria-t-elle.

Stéphanie Knightleigh les avait repérés.

— Enfin, je vous retrouve ! lança-t-elle au-dessus du vacarme. Venez... Venez me voir ! Je vous emmènerai où vous devez aller !

Mais les visiteurs ne reconnurent pas la jeune fille très soignée qui leur avait offert des croissants devant le Motel Hôtel. Ils ne virent que la créature contagieuse qui avait essayé de les attaquer au musée de Cire. Elle avait l'air plus menaçante que jamais, couverte de feuilles, de brindilles, et s'agitait comme une hystérique.

Alexandra Sai parla assez bas pour que seuls les autres touristes puissent l'entendre.

— Si nous gardons notre calme, nous pourrons sans doute sortir vivants de cette histoire de pain français, dit-elle. Que personne ne panique !

Blake Glide essaya de se frayer un chemin à travers une foule de chasseurs d'autographes qui brandissaient toujours leurs couteaux et leurs fourchettes.

— Oui ! cria la foule. Oui ! Nos invités d'honneur doivent défiler ! Nos invités ! Dans le défilé !

Et la marée humaine propulsa les VIP au milieu de l'orchestre du lycée. Impuissants, ils furent ballottés le long de l'avenue comme du bois flotté.

33. La victoire ou presque

Les guides se tenaient au bord du trottoir. Ils venaient de sortir de la forêt et se délectaient du spectacle.

— Quelle manifestation ridicule !

— Répugnante… Déguisés en toasts… soupira Ellen en s'appuyant sur son Animal-bâton. Je me demande comment s'en sortent nos touristes ? Viens, je veux être là quand ils vont dire au maire quel endroit affreux est Nod's Limbs.

En se frayant un chemin dans la foule, ils passèrent à côté de Stéphanie qui, pour la troisième fois de la journée, avait encore perdu le groupe. Quand elle aperçut les jumeaux, sa lèvre supérieure se retroussa et elle plissa les yeux.

— Stéphanie ! la héla Edgar. Mais tu as une mine épouvantable ! Rude journée ?

— Faut pas t'en faire pour tes invités ! lui lança Ellen. Je pense que Nod's Limbs leur a laissé une impression inoubliable.

— Oooh ! Espèces de monstres !

Stéphanie visa Ellen à la gorge mais les jumeaux filèrent comme des anguilles. Elle tenta de les poursuivre, mais leur grande expérience à se glisser par les plus étroits passages leur donnait un net avantage. Et ils la semèrent rapidement dans la procession qui serpentait vers l'hôtel de ville.

34. Belles paroles

Les citoyens, la fanfare, les majorettes, les touristes, les hommes très gros qui avaient garé leurs petites motos, envahirent la pelouse de l'hôtel de ville. John

Knightleigh attendait sur les marches, derrière son micro. Il se mit à applaudir quand il vit arriver les célébrités.

La foule semblait se calmer, mais les visiteurs, toujours cramponnés les uns aux autres, restaient attentifs au moindre mouvement des individus apparemment affamés. Il y eut un son aigu de la sono et le maire hurla dans le microphone :

— Mesdames et messieurs ! Citoyens de Nod's Limbs ! Bienvenue au premier festival du Pain français !

Acclamations, tintements de fourchettes et de couteaux. Les touristes frissonnèrent.

— Dans un petit instant, je vais dévoiler ma surprise ! Mais je veux d'abord remercier nos éminents invités de nous avoir honorés de leur éminente présence ! Je ne doute pas qu'ils sont maintenant convaincus que Nod's Limbs a sa place dans la liste de la commission ministérielle du Tourisme et de la Culture ! Chers invités, vous avez vu tout ce que Nod's Limbs peut offrir ! Mon cœur me dit tout le plaisir que vous a procuré cette visite guidée par les meilleurs de nos jeunes gens ! Ce sera un honneur pour nous de vous avoir au dîner ce soir !

Au mot *dîner*, les yeux de Blake Glide se révulsèrent et il s'évanouit contre Nils de Groot.

35. Derrière le rideau

Pendant tout ce temps, Edgar et Ellen, cachés derrière les toasts du premier rang, se délectaient des visages effrayés des visiteurs et, en particulier, de l'évanouissement de Blake Glide. Puis ils remarquèrent l'immense rideau à gauche de l'hôtel de ville, là où, quelques heures plus tôt, se dressait l'échafaudage.

Pendant que le maire continuait son discours, ils s'éclipsèrent pour y jeter un œil. Ils passèrent sous le rideau et Edgar attrapa instinctivement une natte de sa sœur.

Voilà ! Devant eux, se dressait un énorme toast, doré, croustillant, légèrement bruni sur les bords et, à côté de lui, une énorme cruche faite de plaques de métal boulonnées entre elles, haute de presque deux étages. Une étiquette renseigna les jumeaux sur son contenu : « SIROP D'ÉRABLE ».

— Un toast géant ! s'écria Ellen.

Son estomac gargouilla.

Ne quittant pas le sirop des yeux, Edgar sortit de sa besace la clef à molette de Heimertz et la pressa contre son cœur.

— Un désastre pire que dans mes rêves ! murmura-t-il, et il se rapprocha d'un premier boulon.

Pour fabriquer la cruche, une équipe avait passé la semaine sur des échelles et des échafaudages, à fixer

les plaques d'acier et à installer un système complexe de poulies afin de permettre au maire de verser le sirop sur le toast.

Edgar se mit au travail, dévissant un à un les boulons. Chaque fois qu'il en retirait un, un épais filet de sirop commençait à couler le long de la cruche.

—Viens ici ! Rends-toi utile, dit Edgar à sa sœur en lui lançant une corde.

Elle la maintint tendue et Edgar put grimper pour atteindre les plus hauts boulons.

Dos au rideau, Ellen ne vit pas tout de suite la tête recouverte de cire qui apparut dans l'embrasure.

— Vous ! cria Stéphanie Knightleigh. Vous ! Vous êtes des monstres ! Vous gâchez tout !

Elle bondit vers Ellen qui réussit à lui échapper, mais lâcha la corde. Edgar se mit alors à se balancer dangereusement et à rebondir contre la cruche.

— Aïe ! OUILLE ! glapit-il.

La fille du maire avait repris le contrôle de la cruche géante.

— Je vous ai vus venir rôder par ici ! Vous vous croyez les plus malins, hein ?

Mais elle tapota le métal et sentit quelque chose de collant.

— Oh non ! cria-t-elle. Regardez ce que vous avez fait ! Vous voulez saboter tout le festival ?

— T'aimes pas les boulons au sirop ? ricana Ellen en jaillissant de derrière le toast géant.

Stéphanie la poursuivit et finit par l'attraper.

— Laisse-la ! Laisse-la ! criait Edgar au-dessus d'elles. Laisse-la ! Y a que moi qui ai le droit de lui taper dessus !

36. Doigts collants

Quelqu'un entendit les filles se battre. Le rideau de velours se souleva et une plaquette de beurre fit son entrée en titubant.

— Qu'est-ce qui se passe ici ? demanda Miles Knightleigh.

On reconnaissait son visage couvert de taches de rousseur par un trou au centre du costume.

Derrière le toast, hors de vue du garçon, Stéphanie étranglait Ellen.

— Au secours, au secours ! l'appela Edgar.

Miles leva les yeux et vit un garçon en pyjama rayé qui pendait au bord de la cruche.

— Qu'est-ce qui se passe ici ? répéta Miles.

— C'est Stéphanie ! Elle est tombée dans le sirop et je n'arrive pas à la sortir !

— Oh non ! dit Miles.

— Je ne peux pas la sauver ! cria Edgar. Toi, tu peux. Ton costume flottera !

— J'arrive !

Miles posa vite une échelle contre la cruche. En se dandinant dans son costume, il commença à monter.

— J'arrive, Stéphie ! J'arrive ! criait-il.

— Dépêche-toi ! Chaque seconde compte ! le pressa Edgar.

Et il alla voir comment s'en sortait Ellen. Stéphanie la tenait par les nattes et lui enfonçait la tête dans le toast.

— Tu vas manger le premier morceau ! hurlait-elle.

Ellen donnait à l'aveuglette des coups d'Animal-bâton, manquant chaque fois son adversaire.

— Oh ! Stéphanie ! Ce n'est pas ton frère là-haut ? lui cria Edgar en pointant son pied décharné vers l'échelle. On dirait qu'il va avoir des ennuis !

— Mon Dieu ! s'exclama Stéphanie. Miles !

Très concentrée, la plaquette de beurre n'entendit pas sa sœur crier. Elle était déjà au sommet, au ras de la cuve. Le soleil se réfléchissait tant à la surface qu'il l'empêcha de voir quoi que ce soit.

En se pinçant le nez, Miles sauta.

Brave petite plaquette de beurre…

37. Le Grand Livre des records

Inconscient du drame qui se jouait derrière le rideau, John Knightleigh récapitulait les événements de la journée, félicitant Miss Tartine et souriant aux VIP tremblants.

La foule montrait des signes d'impatience.

— Qu'y a-t-il derrière le rideau ? cria quelqu'un.

Le maire leva les mains pour les calmer. Un claquement de ses doigts grassouillets suffit pour faire monter sur les marches quelques hommes en combinaisons plastique et masques de papier.

— Les Narshampiens ! cria Blake Glide.

Il faillit encore s'évanouir mais Nils de Groot le gifla juste à temps.

— Ces messieurs appartiennent au jury du *Grand Livre des records*. Je les ai invités aujourd'hui pour homologuer celui de Nod's Limbs, clou de ce festival du Pain français. Mesdames et messieurs… voici le plus grand toast de pain français de l'histoire !

Après les trompettes, le rideau tomba pour révéler le toast. Les gens firent *Oh !* et même les touristes écarquillèrent les yeux.

— Je demande à ces messieurs de bien vouloir valider rapidement notre magnifique record, que je puisse enfin dire à tous : « Que l'on mange ce toast ! »

John Knightleigh ferma les yeux et se rengorgea, il attendait des applaudissements assourdissants.

Mais rien ne vint.

Il ouvrit un œil. L'air ahuri, le public fixait la cruche de sirop au sommet de laquelle une fille bleutée s'agitait comme une folle, pendant qu'un garçon en pyjama rayé se balançait au bout d'une corde.

— Qui est cette fille ? demanda Mary Feemore.

— Elle ressemble à… à… dit Nils de Groot.

— À PRUNELLA MINABLIS ! hurla Blake Glide.

— Elle en a après notre pauvre guide ! Oh, regardez-le ! Suspendu comme un ver au bout d'un hameçon… gémit Nora de Groot.

— Joli garde du corps, grinça Alexandra Sai.

Le maire aussi regardait fixement la cruche.

— *Stéphanie !*

38. 513 080 bouteilles

Stéphanie essayait de rattraper son frère par un bout de son costume. Il surnageait comme il pouvait.

— Stéphanie ! hurla le maire. Que fais-tu là ?

— Rien, Papa ! Je contrôle, je contrôle ! Miles, vite, donne-moi la main…

— Stéphaniiiie ! Descends immédiatement de là ou… ou…

Soudain, la foule entendit un terrible craquement. La cruche se mit à vibrer et Stéphanie à vaciller.

Pour accompagner le Plus Grand Toast de pain français de l'histoire, il fallait beaucoup de sirop d'érable. Après de savants calculs, les ingénieurs de la mairie avaient établi que l'équivalent de 513 080 bouteilles de sirop serait nécessaire pour le tartiner convenablement. Aucun camion n'était assez gros pour les contenir. Aussi John Knightleigh avait-il commandé la construction de cette cruche de la contenance d'une piscine. Et les 513 080 bouteilles de sirop d'érable avaient été vidées dans la cruche géante, aux parois désormais fragilisées par Edgar et sa clef à molette.

Tandis que Miles continuait à se débattre, Stéphanie à le secourir et Edgar à se balancer au bout de sa corde, la cruche laissa échapper un dernier et déchirant gémissement métallique.

39. Dans le sirop

Chklong !

Faute de boulons pour les maintenir en place, les plaques d'acier se gondolèrent puis se désolidari-

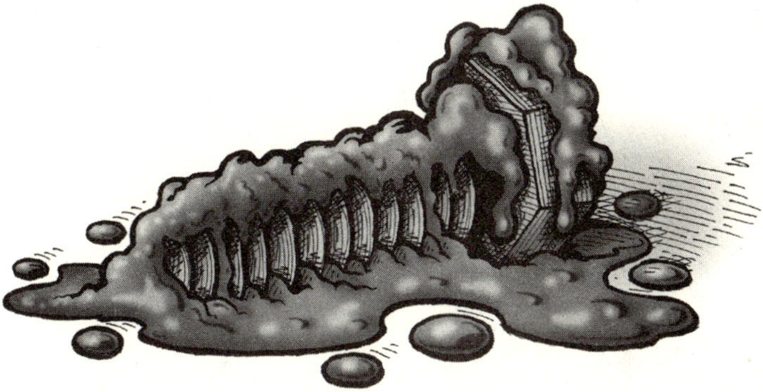

sèrent. La cruche se fissura dans un bruit de tonnerre et le sirop jaillit en cascade. Sur le toast et tous ceux qui se tenaient dessous.

Stéphanie attrapa Miles au vol par son costume mais le flot de sirop emporta avec lui la plaquette de beurre et sa sœur pour son deuxième bain de la journée.

— Maman ! hurla Miles en surfant sur la vague.

— Papaaaaa ! cria Stéphanie dans le torrent.

Les spectateurs tentèrent de s'échapper, en vain. Ils ne purent rien contre la coulée qui les englua bientôt jusqu'aux genoux. Pire ! La plupart de ceux qui se retournèrent pour fuir perdirent leurs appuis et tombèrent dans la marée montante, entraînant leurs voisins avec eux.

Edgar s'effondra sur le toast dans un enchevêtrement

de cordes et de poulies. Puis les jumeaux se léchèrent les doigts goulûment et observèrent le public.

Plus personne ne bougeait. Les musiciens de la fanfare regardaient, désespérés, le sirop couler du pavillon des trompettes et des coulisses des trombones. Les bâtons restaient collés aux mains des majorettes et on ne pouvait plus discerner le chien de berger de Nancy Weedle du basset Roxy de Mme Jackson.

Pour les invités célèbres, c'était plus grave. À leur place d'honneur juste devant le toast, ils s'étaient retrouvés aux premières loges quand la cruche avait cédé. Le sirop les avaient soudés les uns aux autres comme du ciment.

Stéphanie atterrit sur son père. Heureusement pour elle, son gros ventre amortit la chute.

Tout près, une plaquette de beurre se débattait toujours.

— Papa ? dit Miles. Je suis collé !

40. Mesures

On n'entendait plus que les grognements et les gémissements des braves citoyens de Nod's Limbs qui tentaient d'échapper à la mer de sirop.

Edgar et Ellen aussi éprouvaient quelques difficultés

à se libérer du très épais Toast français. À chaque pas, leurs maigres jambes disparaissaient dans la mie spongieuse. Enfin, ils parvinrent au bord et se cachèrent derrière des plantes vertes, sur les marches de l'hôtel de ville.

De là, ils espionnèrent leur groupe de touristes, toujours plus ou moins collés les uns aux autres. Blake Glide recoiffait de ses doigts collants ses cheveux

poisseux et Alexandra Sai frottait ses lunettes mouchetées par les projections.

— Dès que je peux, j'appelle mon producteur! grommela l'acteur. Inutile d'investir ici, ces fous seront incapables d'apprécier une programmation théâtrale sérieuse!

Nils de Groot essayait de sauver ses précieuses chaussures.

— Nous aurions dû nous douter que cette visite serait minable, Nora! Notre carillon éolien ne ment jamais!

Le maire John Knightleigh se dirigea vers le micro. Il regarda ses électeurs et essaya de sauver la situation.

— Mes chers concitoyens! Vous tous! Ce n'est qu'un petit incident. Nous... nous avons tout de même battu le record du Plus Gros Toast de l'histoire! Allons! N'oubliez pas que nous sommes ici pour faire la fête! Messieurs du *Livre des records*... je vous en prie... Prenez vos mesures!

Tout en s'applaudissant, il se retourna vers les hommes en combinaisons plastique.

L'un d'eux enleva son masque.

— Nous sommes désolés, monsieur le maire. La quantité de sirop absorbée par le toast fausse la mesure. Nous ne pouvons pas homologuer votre record, vous êtes disqualifiés!

Les autres masques opinèrent.

La foule gronda.

Edgar et Ellen sourirent largement.

Le maire claqua des doigts.

— Comment ça… *pas homologuer*? cria-t-il. Nous avons tellement travaillé ! Notre honneur est en jeu ! Vous allez me mesurer ce toast *maintenant* et *tout de suite* !

Le jury du *Grand Livre des records* secoua la tête.

Alors John Knightleigh tapa du pied, frappa le pupitre. Il arracha le micro de son support et le balança parmi les spectateurs. Quand un assistant essaya de le calmer, le maire le jeta en bas des marches. Et tomba finalement à genoux, la tête entre les mains.

41. Pauvre maire

Après quelques instants, Mary Feemore s'approcha du maire.

— Monsieur Knightleigh ? dit-elle.

— C'est foutu, grommela-t-il.

— Monsieur le maire, je…

— Nod's Limbs ne sera jamais sur aucun guide touristique !

— Mon nom est Mary Feemore.

— Moui…

Elle continua.

— Et je ne suis pas rédactrice de brochures touristiques.

— Ah… dommage…

— Je suis inspectrice pour le ministère du Tourisme…

Là, le maire posa enfin les yeux sur Mary Feemore.

— Quoi ? Qui êtes-vous ? bafouilla-t-il.

— J'ai été envoyée incognito pour l'évaluation de votre candidature. Et sachez, monsieur le maire, qu'après mon rapport, votre ville figurera certainement dans nos listes…

— C'est vrai ?

Le regard du maire s'illumina.

— Dans la catégorie des villes dangereuses ! cria-t-elle en lui mettant sous le nez ses bras égratignés. Et je suivrai personnellement ce dossier ! Je déclencherai une enquête ! Votre ville n'est qu'un asile d'aliénés !

John Knightleigh secoua la tête.

— Oh… tous mes plans échouent, tout ce travail pour rien… Mais qu'est-ce que j'ai fait pour mériter ça ?

Pendant qu'il continuait de bafouiller, Mary Feemore remarqua que le ciel s'était obscurci, un nuage noir barrait l'horizon.

— Génial ! persifla Alexandra Sai. Il ne nous manquait plus que la pluie…

42. Pluie

Ni Edgar ni Ellen n'auraient pu prévoir ce qui se passa ensuite. Le nuage noir qui progressait effectivement vers l'hôtel de ville n'était pas un nuage de pluie.

Mais un nuage de pigeons.

Les pigeons passent habituellement leur temps à glousser, à roucouler, à se pavaner et à se mettre en travers de votre chemin. Toujours affamés, ils se jettent dans vos pieds pour quémander les miettes. Mais quand se prépare une fête de l'ampleur du festival du Pain français, le pigeon vorace ne mendie plus, il *se sert* !

En masse, ils planèrent au-dessus de l'hôtel de ville, projetant leur ombre sur les habitants rassemblés. Ceux qui levèrent les yeux n'eurent qu'un instant pour se préparer à l'attaque. Un premier oiseau plongea en piqué puis un autre, puis des centaines. Le toast luisant les attirait comme un phare.

Panique !

Dès la première vague, un pigeon atterrit sur Mary Feemore et resta planté dans ses cheveux. Blake Glide, encore sous le choc de sa rencontre avec les carnivores de la forêt, se protégea la tête.

— Des mangeurs d'hommes ! cria-t-il bêtement avant de se jeter au sol, la face dans le sirop.

Nils de Groot essayait en vain de frapper les volatiles agressifs. Sa femme fila sagement se chercher un abri.

Alexandra Sai ne cria pas, ne tenta pas de fuir. Elle s'assit, impassible, et resta sans bouger au milieu du chaos. Aussi fut-elle ignorée par l'armée en vol.

Les pigeons attaquèrent les uniformes scintillants de la fanfare, les instruments de musique, les danseurs déguisés en tartines.

Alexandra Sai pensait à sa chaussure perdue, à ses lunettes coûteuses qu'elle n'arrivait jamais à nettoyer, à cette petite ville bizarre qu'elle avait tellement détesté visiter. Puis elle se mit à rire, à rire de bon cœur.

Elle rit si fort qu'elle se plia en deux, si fort qu'elle eut mal aux côtes et que les larmes coulèrent sur son visage. Elle enleva son unique chaussure, l'envoya au loin et s'éloigna de la zone de guerre des pigeons en glissant dans le sirop.

43. Mangez

Pendant ce temps, la plupart des oiseaux avaient repéré le plat principal : le gigantesque toast. Auparavant moelleux et doré, il n'était plus qu'une énorme masse grise et duveteuse. Une masse vorace, très vorace. Il ne resta bientôt plus que quelques miettes du Toast français qui avait failli être homologué le plus grand de l'Histoire.

Affolée, Stéphanie Knightleigh essayait d'aider Miles à se remettre sur ses pieds. La plaquette de beurre dégoulinante de sirop restait une cible tentante. Ils luttaient contre les pigeons qui arrachaient parfois, au lieu d'une bouchée sucrée, ici, un lambeau de robe, là un morceau de lobe charnu. Si le costume de Miles le protégeait, Stéphanie était à la merci des oiseaux.

— Je les hais ! Je hais CES… JUMEAUX ! hurla-t-elle, mais les cris et les battements d'ailes étouffèrent sa voix.

— Papa ! Au secours ! Aïe !

— Stéphanie… lui lança Ellen d'un ton plein de reproches. On ne t'a pas dit qu'il ne faut jamais nourrir les pigeons ? *Tsss…* ce n'est pas malin, maintenant ils vont te suivre partout !

Edgar évalua du regard l'étendue des dégâts qu'ils avaient provoqués.

— Allez viens, Petite Sœur, dit-il. Le spectacle est terminé !

— Quelle journée ! s'exclama joyeusement Ellen. Le plan de John Knightleigh est un échec total ! Personne ne viendra jamais visiter Nod's Limbs !

— Plus besoin de chambres d'hôtel… le *Cimetière à gadgets* est sauvé ! Et Bérénice aussi ! conclut son frère. Mission accomplie !

Et ils se donnèrent de grandes claques affectueuses.

En rentrant chez eux, ils improvisèrent le chant de victoire qui s'imposait. Ellen agitait en rythme son Animal-bâton :

Allons danser au milieu de nos trésors
Le Grand hôtel Knightleigh, il est bien mort !
Bouffé par les pigeons
Coulé dans le sirop !
Jamais le maire ne s'est douté
D'la terreur qu'on pouvait semer
Ça y est ! La bataille est gagnée !

44. Plops

L'après-midi tirait à sa fin, Edgar et Ellen dansaient au sommet d'une pile de vieilleries, trinquant à la santé de leur *Cimetière à gadgets.*

— Quelle journée ! s'écria Edgar.

— Magnifique ! ajouta Ellen. Et quelle visite !

Avec des soupirs de contentement, ils partirent retrouver Bérénice.

Ellen la nourrit, et, simplement parce qu'elle était heureuse, elle laissa la plante carnivore lui mordiller le gros orteil.

— Alors, Petit Frère, qu'allons-nous faire demain ?

— Lancer l'opération Coup de fouet, évidemment, répondit-il.

Il prit la clef à molette dans sa besace et se mit au travail. Il voulait sortir de ses gonds la porte d'une vieille armoire.

Ellen attrapa Animal, toujours ligoté à son râteau.

— Cela peut attendre, Edgar, dit-elle. Pour l'instant, portons un toast.

— Au toast !

— Aux pigeons ! cria Edgar.

Une ombre s'abattit alors sur eux. Les jumeaux surent dans l'instant de quelle ombre il s'agissait. Et ils se retournèrent lentement vers Heimertz.

L'homme à tout faire s'approcha. Il souriait. Ellen déglutit, Edgar cligna des yeux. D'un geste brusque, Heimertz reprit à Edgar sa clef à molette. De l'autre main, il arracha Animal des bras d'Ellen. En silence, il mit l'Animal-bâton sur son épaule, pivota sur ses talons et s'éloigna d'un pas lourd.

Les jumeaux se regardèrent, trop décontenancés pour parler.

C'est alors qu'ils entendirent des bruits de tonnerre. Cela s'approchait. Et venait de plus en plus près.

Leur festin terminé, les pigeons regagnaient leurs nids, leurs petits ventres rebondis pleins de toast et de sirop. Et, comme le font tous les oiseaux, ils devaient se débarrasser de ce repas pour faire de la place au suivant. À leur grande horreur, les jumeaux comprirent tout de suite que leur cher *Cimetière à gadgets* était sur la trajectoire.

Doucement d'abord.

Plop !

Plop ! Plop !

Puis en averse.

Plop ! Plop ! Plop ! Plop !

— *Au secouuuuuuurs !*

Edgar et Ellen coururent en hurlant vers leur maison. Pour la première fois depuis des mois, le bain semblait incontournable.

FIN

Nod's Limbs : Quel voyage !

par Alexandra Sai

Rédactrice en chef de la rubrique Voyage du *Capital Times*

De temps en temps, on arrive dans une petite ville si ennuyeuse que l'on espère qu'il fera mauvais temps pour avoir au moins un sujet de conversation.

Nod's Limbs ne fait pas partie de ces villes-là.

Nod's Limbs est délirante, exotique ! Si vivante et si folle que le visiteur n'a jamais un moment de répit. Des surprises vous attendent à chaque coin de rue.

Pour votre premier voyage, prévoyez un long week-end. Vous commencerez par une simple promenade dans le quartier résidentiel. Les habitants vous semblent quelconques ? Ouvrez l'œil ! Ils dissimulent leur origine extraterrestre. Oui, ils viennent de la planète Narshamp ! Et gardez-le ouvert pour l'art extraterrestre et ses buissons taillés.

Faites une brève halte au beffroi où vous ne manquerez pas la vue réjouissante des ponts couverts. Prenez le temps d'apprécier ce qui subsiste de la longue tradition d'exécutions publiques de cette ville. L'atmosphère y est sanglante !

Cette étape vous préparera idéalement pour votre premier repas à Nod's Limbs. M. Barbarino vous accueillera en personne dans son restaurant pour vous servir sa très originale spécialité qui chatouillera le palais des plus gourmets.

Après une promenade au parc pour digérer, vous consacrerez le reste de l'après-midi et les jours suivants au fantastique musée de Cire de Nod's Limbs, farfelu à souhait. N'oubliez pas la plage municipale, en prenant garde aux sables mouvants, et le célèbre pommier de Nod's Limbs dont les branches constituent un refuge aux évadés de la prison.

Renseignez-vous surtout à l'office du tourisme, vous aurez peut-être la chance de pouvoir vous inscrire à une visite assurée par de jeunes guides instruits et prêts à vous sortir des sentiers battus.

Si vous le pouvez, n'hésitez pas à faire coïncider votre séjour avec l'un des nombreux festivals de la ville. Celui du Pain français reste un must ! Vous ne pouvez pas imaginer ce qui vous y attend !

Ne soyez pas surpris si les habitants de Nod's Limbs vous saluent et défilent même en votre honneur. C'est une tradition cocasse mais chaleureuse.

Seul petit bémol à cette visite : l'hébergement. Il n'existe actuellement à Nod's Limbs qu'un seul hôtel. Mais rassurez-vous, la construction d'un somptueux hôtel est sérieusement envisagée…

ALEXANDRA SAI

Cet ouvrage a été composé par
PCA - 44400 REZE

Dépôt légal : janvier 2007

POCKET jeunesse
12, avenue d'Italie
75627 PARIS Cedex 13